解咒與立法

三民叢刊 16

勞思光著

三民書局印行

解咒與立法

序

旅臺紀感

「賭場之島」與「朽壞之城」 3
活力與魔道 7
政壇失序官場現形 12
臺灣反對黨向何處去？ 16
愚昧與怯懦的兩岸政府 21
廣告與昆蟲 25
一個微觀的實例 29

霜鬢栖栖感萬端 32

樂觀的危機——臺灣與世界

臺灣的「大陸政策」——海峽兩岸交流頻密對臺灣的衝擊 39
樂觀的危機——開放改革不等於自由化 43
厲以寧與股份制——具有前瞻性的經濟改革計畫 47
「神權」與歷史懲罰——《撒旦詩篇》與伊朗的教權政治 52
小國與大勢——共產主義沒落與新權威主義 56
六四後北京的政策趨向 60
遠景與逆流 65
東歐轉型期的危機 68
在X與Z以外 71
果然「在XZ之外」 75
民主的「正數」或「負數」?——看年來評斷「六四」的正反論調 78

從亞運看臺灣心態 84
香港難題不可逃避——面對九七不應存幻想 87
判斷、希望與理想 91
魔化與異質性——臺灣的政治與社會
建立共識的種種問題 97
臺灣需要有社會的反省 101
要正視選舉以外的問題 104
臺灣選舉的「表」與「裏」 107
談臺灣反對黨人士的心態 110
臺灣選舉的品質問題 115
再論臺灣政局 119
臺灣政局風波迭起 124
協調與改革——再論臺灣政局 129
不要成爲「魔化」的犧牲品 134

修憲與臺灣大局的關鍵——學運感言 138
知識分子只合扮獻策謀士？ 141
「共濟」渡河的危機意識 144
中正堂的寒雨與晴陽——記臺北學運 147
長期清理國內政治的「奇難雜症」 151
「異質性」暴漲的臺灣社會怪現狀 154
是問題的結束，還是新問題的開始？——從郝柏村組閣談起 157
政治轉向與臺灣前景 161
何謂「執政」？多少「暴徒」？ 166
清流與末世——談胡佛退出國是會議 169
不是小事一樁 173
「民選」與「獨立」的觀念糾結 177
政治暗潮與民主化退潮 182
「求安」與「求變」的衝突——關於「社會重建」的討論 185
兩種犯罪問題 189

關於「第三黨」 192
切勿墮入虛幻希望的陷阱 196
統獨再角力，何時求自強 200
「統」「獨」均是空喊的口號——臺灣政治新僵局 204
新現象舊觀念 209
執政者自己抹黑臉？——從彩券發行到保釣行動的自污與自毀 212

解咒與立法

解咒與立法 217
歷史的限制與超越 220
文化的創生或是模仿更具可能性？ 223
關於中國人的「民主」觀念 230
學風與世風——臺灣學風問題多 234
「絕倒芳時虛度」——我以術數自娛 238

旅臺紀感

「賭場之島」與「朽壞之城」

不久以前，美國《時代周刊》有一篇關於臺灣的報導，說「寶島」實在是一個「賭場之島」（Casino Island）。這個詞語於是便又成爲臺灣的流行話題之一。其實，依我記憶所及，稱臺灣爲「賭場」，並非《時代周刊》這位作家的創作。幾年前，當臺灣到處賭猜「愛國獎券」中獎號碼時，已有外國記者說臺灣像是一個大賭場了。不過，不論何人何時首先提出這個看法，目前臺灣的股票、地產以及所謂「投資公司」的運作方式，都充滿了賭場氣息，則是事實。因此，「賭場之島」的稱號，確有些寫實意味，並非「毀謗」之詞。

至於「朽壞之城」（decaying city）則本是七〇年前後，我在美國所聽到的詞語。美國東部城市，大者如紐約，小者如新澤西州的春頓，都曾被人稱爲「朽壞之城」。春頓雖是首府，但已成爲黑人區，市樓破舊，公共衛生甚差，自是一片朽壞景象。紐約雖然繁華處依舊繁華，但市政因財政困難而無法推展；只看地下鐵路車站之髒亂，便已足當朽壞二字。

順著這個意義說，我覺得臺北亦有「朽壞之城」的味道。說臺灣是充滿賭徒的海島，雖然許多人會覺得不舒服，但很少人感到意外。老實說，對這一點，臺灣居民可能比外國記者知道得更清楚。可是，我現在說臺北市是一個在朽壞中的城市，本地人則可能覺得難以了解，因爲若只就表面說，臺灣大型百貨公司裝潢的漂亮程度，顯然勝過許多有名的城市——包括香港在內；臺北的街道廣闊，而且一些新發展的地區，更是高樓矗立，通宵有霓虹燈照耀夜空，正所謂一片繁華景象，何以說是「朽壞之城」呢？

但這裏正透露出我要談的問題。臺北確實在表面上會給新來的旅人一種繁華印象。但如果一個人在此停留稍久，穿過表面有限的現象，稍作深入觀察，則他很快就會發現將臺北稱作「朽壞之城」，實不爲過貶之語。

這可以從幾方面說。第一、臺北市雖有表面的現代化，但臺北的公共設施非常糟，而且主持市政的機關，似乎根本不見有維修或改進的興趣。隨便舉個明顯的例子說，三十幾年前，我在雨中走過仁愛路，雖然覺得兩旁叢樹在雨中的枝葉，碧綠可愛，但有時發覺地面積水逾寸，令人有難以舉步之感。三十幾年後，我再到臺北，街市變化甚大，幾乎面目全非，然而我走過仁愛路，仍發現遍地積水，必須決心踏水而過，否則便寸步難行。顯然，臺北市這類重要街道的下水道，多年來從未改善。市政當局似乎聽任這個城市朽壞下去。無人注意公共設施的改進問題。

第二、臺北的發展似乎全無計畫。街上行走的車輛奇多，卻並非遍設停車場；於是大街小巷，都在路旁泊車；本來可走四線的路，如今連一輛車通過也需要鑽縫隙而前進。這是臺北交通之壞，名滿世界的理由之一。我曾經詢問過許多熟知臺北情況的人，想了解何以臺北極少停車場。結果他們的共同答覆是——本來每幢大樓在建築圖則上都有停車場，可是大樓建造成之後，業主照例將原定作停車場的一層改爲別用，而市政當局並不干涉或制止這種顯然違法的行爲。換句話說，臺北市民根本可以不守法規。紙面上的法令可以照例不生效。積之既久，這一類不正常的現象反而似乎成爲正常，益發無人去過問。這好比是有病不治，任其深入膏肓，則病人自然走向死亡。說是在「朽壞」中，還是客氣話了。

第三、臺北的繁華大街，常常就充滿了骯髒異常的小巷，這是發展缺乏計畫的另一證據。尤其某些區域，可以由市政府劃爲公園區，但一過十年，這塊地區並未修造出一個公園；今日走過，仍然只見破舊小屋，住著未遷移的舊居民。究竟這是怎樣一回事呢？你去問人，得到的答覆可能不全相同，但相同的一點則是；爲某種原因而「辦不動」，因此就擺在那裏，成爲死問題了。一個城市中堆積許多死問題，則它怎能不日益朽壞呢？

我在臺北也住過佈置精美的飯店（香港稱「酒店」），參加過豪門巨宅的夜宴清談；在那種小圈子生活氣氛中，我確實看不見臺北之日趨朽壞；然而，走出小天地，面對眞實的臺北城，朽壞的氣息便逼人而來。我雖只是一個訪客，也感到難言的悵惘，但奇妙的是：在此地出生及久居的人，反而似乎並不以朽壞爲慮。

如果進一步追問：臺北何以會在臺灣經濟發展中仍成爲一個「朽壞之城」？則答案必涉及政治制度與社會風氣。政治方面的低效率病態，自有其制度的根源。而社會上瀰漫一種不求整體改進的意識，則是風氣的產物。順著這個方向再說下去，便不是我這篇紀感的雜文的範圍了。

我曾看過一位女作家回憶往事的長文。她在某一段中說到若干年前，某人認爲臺灣無法現代化，因之意氣消沉；而加上她的評語說，這人未想到臺灣今日的現代化已超過西方國家云云。我不知道這位作家心目中的現代化是何所指涉，但若就我們對現代化社會及現代文化的一般了解說，如此的臺北，除了作爲一個「朽壞之城」，可以與當年遭遇財政困難的紐約相比之外，實在看不出現代化的踏實成就何在。而且處於「賭場之島」中的「朽壞之城」，究竟有誰來挽救它，更是一個難以樂觀的問題。

活力與魔道

臺灣新聞界若論活力之強，決不在香港新聞界之下。記者在國外追新聞，或許不如香港人內行，但在本地採訪或發掘新聞，則可以一口氣工作若干小時，毫不懈怠。

不過，活力只表現在工作態度及效率上。說到方向問題或所謂傳播問題，便又是另一回事了。我前年及去年曾數度來臺，每次停留最多不過半月，可謂匆匆往來，但對於臺灣新聞界作風之特殊已有些印象。最近住了幾個月，靜靜觀察；加上適逢臺灣政局多事，新聞界的表現更易於把握。我對於臺灣新聞界的特色漸漸多了一些較明確的了解。

籠統地說，則他們的作風是以求表現、求短期效果爲主；對於所謂「傳播事業」的積極作用則反不重視。這自然可說是臺灣社會商業化的影響，有人可能覺得不足爲奇。但就臺灣社會的需要講，傳播機構不能發揮正面功能，反而爲了眼前效果不惜隨波逐流，則在我看來，是一種走入魔道的趨勢。

這一點舉一兩個實例說，便很明白。從上次爲了總統及副總統提名而引起國民黨內部爭執以後，有關所謂「二李之爭」的任何微小事件，便都成爲報章的熱門話題；最近一兩個星期，新聞報導更集中在李煥是否會留任行政院長這個問題上。一打開報紙，幾乎每天都看見好幾條標題顯著的要聞，內容不外是某政界要人對李煥應否留任說了一些甚麼話，或者李煥本人有某種直接或間接的表示等等。

這些消息，其實並無多大實際意義，也不是透露這個問題的新發展，卻總被當作要聞處理，大加渲染。

本來，這次李登輝對於所謂「閣揆」人選，一直不肯公開與黨內要人討論，是又一次要強扮「政治強人」的表演。由此而引起立法委員聯署支持李煥續任，也確是臺灣政治史上一件值得注意的大事。

傳播界若對這個問題作一番深入的報導和評論，也是應該的。可是，現在各大報只一味環繞著這個令人注意的題目，作種種瑣碎無聊的表面報導，只玩弄小消息來吸引一般讀者，而對於目前臺灣在客觀處境方面需要甚麼樣的「閣揆」，臺灣修憲的展望與所謂「內閣制」或「總統制」之爭的關係等等大問題，反而不甚重視。讀者天天看見有關「閣揆」問題的報導文字，卻不能增加了解，而只有一種「瞧熱鬧」的感覺。新聞界似乎也以這種增加熱鬧的作法自喜，豈不是走入魔道？

又如另一件連續多日報導的新聞，是國防部預算的公開問題。立法院中的反對黨立委，一向找機會表現他們的「抗爭」精神，這次故意要求國防部的預算文件公開審查，分明是有意出難題而未深加考慮。而國防部部長郝柏村又恰恰一向被人懷疑爲有政治野心的軍人，於是，立委一場大鬧，又成爲大家注意的話題。大家由於對臺灣戒嚴時期的軍人權力普遍懷有反感，便不知不覺地認爲公開預算的要求有道理。

其實，軍事機密資料之不能公開，各國皆然。臺灣面對中共的威脅，在軍事上處於明顯劣勢，更無理由在這種形勢下自己公開一切軍事機密資料。這一點道理事實上連反對黨的立委也不能不承認，此所以最後仍是達成「協議」了事。而所謂「協議」的內容，主要不過是分別機密性與非機密性的資料，作部分的公開審查而已。

這個結論事實上不需要大鬧一場方能達成。其所以一度鬧得滿城風雨，正由於反對派人士要借題表演抗爭精神。這自然是臺灣最近政治上的流行現象。不過，在這個事件上，新聞界的表現卻令人非常失望。

當雙方辯爭不休的時候，依常規而論，新聞界應該將所爭的問題特別提出來作一番探討，應當提醒有關人士不可將反軍權的情緒與這個特殊問題相混，尤其應當點明國防部預算中令人不信任的成分(如某次龐大用費的解釋不明確,或並無機密性質的「眷區」改進計畫也與機密資料並列之類),以使雙方增加溝通。但臺灣除了屬於黨報一類的報章照例爲官方幫腔外,其餘大小報大抵都只是大加渲染,增加報導的熱鬧,而不能認眞面對問題,發揮正面作用。

報章電視等等傳播工具,在現代社會中已有極大的影響力。而這種影響力本身的運行,卻似乎無規律可循,每每一二主持人的心理狀態或想法,便足以左右某一部分傳播活動的方向。很久以來,許多人都批評臺灣的「拜金主義」的風氣,這在一個工商業社會中大約不能完全避免。

不過,就新聞界而論,營業或爭取讀者的考慮,雖是題中應有之義,但畢竟傳播界也不能完全忘記自己對社會的責任。除了商業以外,新聞界總須盡量發揮正面功能。作爲一個新聞從業員來說,他如不認爲新聞有某些正面功能,便不能肯定自身工作的意義。倘若老闆只追求營業上的利益,不知道所謂「社會責任」,則尚可憑工作人員的敬業精神與實際工作效果,來抵消老闆態度的惡劣影響(因爲有正面作用的報導及評論,並非一定與營業利益衝突;只要工作人員嚴肅地面對問題,作出成績來,反可以增加營業利益,滿足老闆的要求)。但若新聞從業員們自己沉溺在爭風頭、爭熱鬧,躲避問題的習慣中,則新聞界即是走入魔道了。我深願臺灣這種病態有改善機會，而希望則在於新聞工作者本身的自覺。

政壇失序官場現形

臺灣社會的「失序」，是近年評論文字中的流行詞語。而目前的情況則是連政府及兩大政黨本身也有內部失序的現象。於是，寫政治報導的記者們不愁無材料，而社會的迷失感卻愈來愈重。

政府及執政黨內部的失序，特別表現在權位爭奪方面。李登輝要強扮「政治強人」，在所謂人事布局上似乎故意不循常理，結果是官場大亂，魑魅現形，爲從來所未有。

回顧幾個月來臺灣的政治風波，可說是一個江河日下的演變過程。就其主脈看，自是規範眞空的情況下的失序危機的顯露。就其表面現象看，則是怪象紛呈；從前在暗中進行的種種把戲，現在一下子都擺在桌面上。所謂政治人物的形象眞可謂破壞無遺了。

這種怪象在所謂「兩組提名」問題出現時，初露端倪，而在所謂「閣揆」之爭上，表現得淋漓盡致。本來新總統既然照例要提名行政院長的人選，則李登輝儘可大方地照規矩辦事，不必鬧得天昏地黑。可是李登輝全無量度，對於李煥，處處表示敵意，又不肯開誠布公，與黨內高層人士商討提名問題；李煥那方面也是並不打算以正大態度達成諒解，卻運用黨方舊關係，弄出立委聯署支持李煥留任的古怪場面。這樣一來，顯然是要以立法院對組閣人選的同意權來對抗李登輝這個新任總統的提名權。一時大有形成僵局的趨勢。等到五月二日，李登輝突然決定用郝柏村組閣，局勢又突然一變。

這一變便帶來了許多「現代官場現形記」的精彩鏡頭。首先是，前一天還在支持李煥留任的立法委員們，忽然又一批批表示支持李登輝的提名了。當然，民進黨的立委少不得又乘機譏嘲一番，不過，這些「尊重黨紀」的先生，依然振振有詞，對自己在政治態度上朝秦暮楚，並無內疚之意。

最精彩的是未來新局面中權利的爭奪戰。各部會首長及臺灣省政府、兩個院轄市首長，既然都要跟隨行政院長一同辭職，於是這一批達官貴人如何改變職位，或進或退，都成了待解之謎。而強扮「政治強人」的李登輝偏偏又喜歡在用人方面表現他的「專政能力」，將謎底藏在衣袋裏，讓別人去猜。而臺灣新聞界便成天爲此而大忙了。最近幾個星期中，臺灣報章幾乎充滿了有關人事的傳說。記者們今天訪問甲，明天訪問乙，談的總是這一套。而這些等待新職的高官們自己的表現，更是五光十色，極富娛樂性。

最有趣的實例是邱創煥。邱本來與李登輝、林洋港並稱為臺灣籍的政壇三巨頭（卽所謂「重量級」人物）。他在臺灣省主席任內，實在看不出有什麼表現。可是自總統與副總統提名風潮發生以來，他成爲公眾注目的人物。不知道李登輝暗中對他作過什麼表示，總之他自己一直認爲他是下任行政院長的優先人選。

前兩個月，他已在省府內部向人表示：「我要回中央。」後來，「二李之爭」鬧得烏煙瘴氣的時候，他一直面帶笑容，擺出一副「胸有成竹」的樣子，在等待事態發展。直到李登輝決定提名軍人組閣的當日，他還以爲自己會被提名。不料晴天霹靂，景象全非。不僅李提名的是郝柏村，而且連戰將由外交部長調任省主席的消息接著傳出來，他高升不成，而且現位也不保了。最可怪者，是李登輝在這時候，還再許了一次空願；李告訴邱創煥說，他將調走現任黨中央秘書長宋楚瑜，讓邱接任。邱知道黨秘書長也是最高的要職；他組閣不成，而能主黨務，也仍然深感李登輝的「關愛」（邱曾對記者說，他曾看見李登輝對他有一種「關愛的眼神」云云）。

但李登輝作此承諾後，事態的變化又出人意外。在一次五人會議後（正副總統與蔣彥士、郝柏村及宋楚瑜五人），宋楚瑜留任黨秘書長的消息發出來。邱得訊時，大局已定，只有徒喚奈何了。

最後，李登輝決定將邱創煥聘爲資政，並說明要他來總統府辦公，邱總算仍是「回到中央」。而且李登輝忽然又宣布成立「七人小組」，包括林洋港及邱創煥在內，參與決策討論。這個布置雖有點不倫不類，總算是給了邱一點面子。兩度落空之後，得此可謂聊勝於無。

邱在秘書長之說落空時，答覆記者的訪問；忽引了一句成語：「疾風知勁草」，但自己也覺得文不對題，慌忙又另引兩句成語說：「路遙知馬力，日久見人心。」這三句話糊糊塗塗擺在一起，不知所謂。記者照樣報導，讀者大半引爲笑談。而邱後來還再加解釋，說他那天這三句話分明是什麼什麼意思云云，眞是越描越黑，娛樂性也越強了。

這只是官場現形之一例。其他現象尙多。例如，陳履安前一天還與經濟學者討論他未來的經濟計畫。第二天，他坐在立法院等候質詢時，方知道李登輝要提名他出任國防部長，連忙打電話回經濟部，要屬員替他查詢問這個消息。這也是一向未有之事。又如高育仁數月來爲李登輝奔走頗勤，現在一無所得。省議員大感不平。借餐會的機會向李提出這個問題，李卻答覆說：「人才太多了」；聞之令人失笑。這種種「官場現形記」的鏡頭，畢竟蘊藏著什麼政治訊息，豈不值得深思嗎？

臺灣反對黨向何處去？

臺灣最多社會惰性現象，例如在大廈林立的鬧市中，大道旁的小巷，每每污穢破舊，與三四十年前無大差別；又如都市面目一新，但周圍市鎮的中小學校，卻從校舍到教室內的設備都是破破爛爛，好像多年無人過問。然而，在政治方面，卻常常有奇異的突變現象，與社會之遲遲不見改進，相映成趣。

最明顯的例子見於兩大政黨的政治趨向。國民黨自本年初以來，接連出現的奇異變化，論述已多，現在不再談；民進黨的政治路線，最近也有出人意外的演變，使觀察者漸漸感到這個政黨不知要向何處去。

民進黨自從成立以來，內部便有所謂兩派對峙的問題。這是眾所周知的事。去年的選舉（民意代表及縣市首長），民進黨似乎表現了某一程度的內部團結；雖然有朱高正個人競選，引起「黨紀問題」，但大體說來，他們在對外作戰時，兩派尚能配合，因此，選舉的結果是民進黨勢力大增。許多政治評論者都以爲，在這種形勢下，民進黨內部爭持必將淡化，而主要政治路線將在於爭取下次選擧的進一步勝利。

但事實則不然。首先，選擧獲勝的民進黨人，並未因勝利而增加共同信心，反而似乎陷入一種忘形失態的昏亂中。在「國大會議」中，砸破玻璃、掀餐檯種種粗暴行動，已經成爲臺灣政治的笑料。不僅中國大陸上的保守派人物，利用這些資料來加強「反資本主義民主化」的宣傳，卽在島內，也產生與民衆疏離的後果。

更重要的是，民進黨在選擧獲勝後，對當前政治大問題並未提出任何有力的正面主張，仍只是扮演「反」的角色。這使得處於失序的威脅下的臺灣居民，開始覺察到這樣的反對黨並不眞正關切他們的難題，與執政黨同樣地不能提供希望。

三月中的學生運動，一開始卽表現出學生與反對黨間有極大距離。在中正堂廣場上，學運成爲社會注目的焦點，而民進黨帶來的羣衆，有時似乎變爲「啦啦隊」，只能在學生這面發表抨擊政府的言論時鼓掌歡呼。反過來，民進黨那面的活動，對學生則顯得無甚影響力。

接近反對黨的人士，尤其是接近「新潮流派」的反建制人士，也發覺當時這種情況揭露了民進黨的衰勢，因此便製造一些說法來轉移社會視聽；其中最重要的說法，是那次學運受「救國團分子」操縱，目的在支持李煥，但事實證據卻使這種宣傳很快被否定。因爲，第一，在抗議期間，李煥到廣場上來，大受學生嘲罵，尚不如教授們受羣眾歡迎，運動顯然無擁李煥的色彩。第二，事後接連出現黨工及調查局人員對這次學運分子進行監視及調查的消息，惹起社會反感；一點也不像是一個「救國團」這種黨屬團體發動的運動。

對三月學運的反宣傳，本身不足重視，但對於下一段學運的變化卻大有影響，這應當留到討論學運的專文再談。現在要指出的，則是反對黨在三月學運中顯現出它與羣眾的疏離；這個現象本身卽標示出臺灣政治趨勢中一個奇異的變化。反對黨選舉獲勝，掌握了許多縣市後，反而開始失去民心的支持了。

民進黨內部也未嘗不注意這個問題。黃信介與張俊宏這兩位代表民進黨中央，同時又代表所謂「美麗島派」的領導中心的人物，在總統選舉後，屢屢表現出一種想要重建民進黨形象的苦心。

不過，結果似乎遠離理想。舉例說，李登輝當選了總統後，特別正式邀請民進黨領導人會晤，作爲正式承認反對黨的表示，黃張應邀到場，似乎要乘機使兩黨關係正常化。然而，黃張這次雖似乎與李氏有些口頭上的協議，卻並未能向黨內傳達甚麼「新階段」的意識。

表面上，民進黨中的暴力行動派似乎稍稍收歛一點，實際上則內部整合並無多少進展。而另一面，粗心大意的黃信介，不知是否由於過分強調兩黨關係正常化，數周來有許多失分寸的言論。除了書面稱讚李登輝「英明」以外，甚至在最近李登輝與李煥爲了組閣暗鬥而引起全島一片反對聲的時候，黃信介還有過支持李登輝的表示，這自然使黨內的反對派更加有了攻擊中央的口實。

等到「國是會議」開始籌備，黃張陳康四人參與籌備，民進黨內的不同政見更加多了一個表現機會。偏偏李登輝又宣布提名郝柏村組閣的決定，舉國譁然之際，民進黨內立刻出現了是否應退出「國是會議」的爭執。

五月十六日民進黨的中常會，總算運用了政治技巧，避免大分裂的出現，將問題推遠一步，但這不表示對問題已經有共識。到了李登輝就職總統之後，問題仍將呈現；不能有妥善解決，則仍然將有分裂危機。

在民進黨的紛紛反對參加「國是會議」的幾天（中常會之前），黃信介顯然束手無策，只好表示「倦勤」，說如不出席「國是會議」，便要出國休養。

張俊宏則表示，像陳永興那樣決定出席會議，推動修憲，不惜退黨的態度，他是贊成的。換言之，張俊宏也對黨內整合不懷多大的希望。

新潮流派一面則雖然在小處稍稍讓步——如這次中常會上接受妥協式的延緩決議，但事實上則正與各種反派勢力結合，繼續進行他們的「破壞權力結構」的活動。民進黨的分裂已是事實，只看何時表面化而已。但分裂後又怎樣，則是有關反對黨前途的眞問題。但這個問題至今無人回答。

愚昧與怯懦的兩岸政府

我想從最近一個政治笑話說起。

笑話的主角是北京的軍事強人楊尚昆。他最近接見臺灣人士時，談到李登輝所提出的「對等談判」的要求，表示「對等」不可能，因爲中共實力遠比臺灣強大：除了重複說中共不放棄對臺使用武力以外，另說了一段出人意外的妙語。他輕視臺灣自恃的經濟力量，他說，王永慶向大陸投資七十億美元，如果這樣來十次，臺灣的外匯儲存就要花光云云。顯然，楊尚昆竟將臺灣商人的私人資金與臺灣國庫的外匯儲存混而爲一。稍具常識的人都會知道，臺商如王永慶之流，要向大陸投資，最多不過向臺灣的銀行貸款，怎樣也不會使用臺灣國庫的錢。楊尚昆卻有這種說法，眞使人爲他的無知大感驚訝。

自從去年中國大陸發生政治大倒退以來，中共許多當局要人，都表現得愚昧非常。李鵬說，因爲缺乏膠彈，所以只能用坦克機關槍來對付學生與市民，這已經是國際流傳的笑話。

現在楊尚昆表現的無知，足與李鵬媲美。就是這一羣無知的人，掌握十億中國人的命運。我們這個民族的遭遇未免太可悲了。

與中共領導人的愚昧無知相映成趣的，是臺灣當局表現的怯懦無力。我這樣說，也許有人感到奇怪，因為，最近臺灣政局的種種風波，都由於李登輝要勉強扮作強人而起：既是走強人路線，怎會又是怯懦呢？其實，強扮強人，正因為缺乏政治上的勇氣及信心，自己深怕受到威脅，方會拚命抓權力。

尤其若著眼於兩岸關係來看目前國民黨的領導層，更明顯地看見他們怯懦非常。以最近「民主女神號」的遭遇而論，便是最好的實例。這個事件足以破壞國民黨四十年來所建立的形象，使人突然發覺今日的臺灣根本不具有反抗所謂「中共暴政」的勇氣。本來，臺灣若自忖不敢開罪中共，則可以早表明態度，讓主辦「民主女神號」廣播計畫的海外人士另作籌謀。但臺灣偏偏作支持表示於前，而糊塗地改變態度於後，終至反而破壞了整個計畫。其故無他，只是當局人士先想爭面子，而到了緊要關頭膽怯而已。

倘若擴大視野，不僅看國民黨當局，而看整個臺灣社會，一個觀察者也很容易感到臺灣的一般氣氛，是在抗拒中共方面愈來愈顯得怯懦無力。隨便舉一個眼前的實例來說，郝柏村登臺後，為了新竹南寮地區近年成為大陸走私的重要入口，表示要運用軍隊力量，加強海岸線的防守。此議一傳出，新竹市議會竟然大表反對，似乎防止走私是甚麼錯誤的行動。其實，大陸私運「黑槍」入臺，近一、二年來已經成爲嚴重的社會問題。不論誰來主政，都必須努力遏止這種情況的發展。郝柏村的「軍人內閣」應被反對是一件事，防止走私是另一件事。而臺灣警察力量不夠應付走私勢力，又是事實。長遠地考慮，或許應該加強警力，甚至動員社會力量，來阻止私運槍械的惡風，但就目前的迫切需要而論，運用軍隊也是唯一可行之道。近來臺灣到處有黑社會綁票、搶劫及殺人的案件發生，新竹的議員其實同樣地受到威脅。然則他們何以會在這件事上大鬧呢？主要原因仍在於抗共心理的崩潰。臺灣人雖然不喜歡大陸的貧困落後，但卻漸漸喪失抗拒中共這個惡勢力的勇氣。談到承擔爭自由、爭人權的精神，臺灣社會中已經愈來愈看不見。這又不僅是當權派的問題而已。

大陸的統治者，除了愚昧之外，也有怯懦的一面。這表現在他們不敢面對客觀形勢。東歐共產主義勢力的解體，蘇聯政治路線的轉變，都是本世紀的大事。但中共不敢面對眞實。中共的當權派，只會封鎖新聞，勉強地造出一些宣傳性的論調，歪曲事實，自欺欺人。另一方面，中共國內的經濟問題，羣眾信心危機問題，一年來已變得日益嚴重，但是，中共當局也不敢面對問題，一味靠空言自慰。這種怯懦標示精神的沒落。對於一個以「革命理想」爲號召的黨來說，這幾乎是致命的病毒。

國民黨在對共黨的態度方面，變得非常怯懦；另一方面卻也有愚昧病。最明確的表現是在所謂「國是會議」的籌備工作上。本來，當現行體制千瘡百孔，公信崩潰，人心浮動的時候，舉行「國是會議」這個決定，是提供了一條可能走通的出路。然而，李登輝和他的助手們，似乎從頭就不了解這個體制外的救急方案特性所在。李登輝生怕自己控制不住這個會議，於是，從決定籌備會的名單開始，他處處要抓權力：他不明白「國是會議」若不能廣泛吸納各種不同意見，便失去意義。他事事干預的結果，這個會議變成「總統請客」的局面。很快地、社會人士的希望冷卻。

當臺北舉行所謂「國是座談」的時候，可容納千百人的會場，只有三四十個人出席。這種冷淡蕭條的氣氛，已預示會議不可能有正面成果。民進黨中的「新潮流派」，反對參加「國是會議」，尚可說是「統獨之爭」的表現。社會大眾對會議不寄予希望，則是國民黨及李登輝本人一大失敗。而失敗的主要關鍵，便在於這些領導人物看不清楚客觀形勢，甚至不了解自己應扮演的角色：換言之，就是缺乏政治智慧了。

愚昧與怯懦交雜，不知道要支配中國政局到幾時！

廣告與昆蟲

大問題談得多了，而客觀局勢似乎正轉入沉悶期，並無新題目或新感想可說，於是我想談談我實際生活中的感受。這也許與「紀感」的標題更爲符合，而且我要談的生活既是臺灣生活，則感受所及仍與了解臺灣有一定關係，或許不算太離題。

臺灣報紙的廣告，有些很特別的地方，我在海外閱讀臺灣報紙的時候，便已經注意到。譬如，黃色營業用「招請」的廣告來宣傳之類。但是，我現在要談的卻是另一些現象。

首先要說的，是臺灣廣告所用的語文常常使人覺得古怪。例如，近來地產退潮，有些地產商便不建大住宅而改建小單位出售。有一家公司的廣告，除了照例敍述種種便利之外，卻用兩句大字標題：「經濟大二房主張，17坪實惠哲學」。看了使人特別不舒服。下一句不過是說，小單位只有十七坪，反而「實惠」，但加上「哲學」二字，便顯得不倫不類。上一句則根本是文字欠通。「主張」二字尤其突兀，簡直不像是中國人使用中文。

除了語文古怪之外，說到廣告內容，也有一點特色是我從未見過的，那就是對神秘信仰的公開宣傳。臺灣報章上不時出現一些出售佛像或符咒的廣告。每每以大幅圖片與文字配合：誇稱供養佛像或佩帶某種靈符，如何如何靈驗等等。數十年前我在中國偏僻地區，聽見江湖人哄騙鄉愚的說詞，便是如此口吻；不料今日在號稱繁榮進步的臺灣，又看見這種論調在報章上出現。廣告通常反映社會的需要，同時又刺激社會，喚起某些需要。現在談神說鬼，炫耀「法力」的廣告在臺灣如此流行，而且本地居民似乎見慣，不以爲怪，是不是表現臺灣羣眾心理的空虛傾向呢？這種風氣蔓延下去，又會不會更加強人們寄希望於超自然力量的心態呢？我想，有心人應該面對這種奇怪現象作一番探究，以便更深切地了解臺灣社會。

說到這裏，我又要提到另一個使我大感意外的廣告。就在最近，臺北某大學登出開辦暑期課程的招生廣告，其中除了一些常見的課程外，竟然有教人看相算命的課程：似乎站在大學的立場，已經將這些術數當作公認的學問了。

本來每一個民族的文化傳統中都有神秘成分；而術數更是民間文化中的重要部分。然而，研究民俗是一事，相信這些民間信仰可成爲學問又是另一事。說到私人傳授術數，原不足爲奇；但由大學正式提供這種課程，便未免使人感到學術標準放得太寬了。

上面談的亂用語文，和公然宣傳法術等等，可算是有關心態或精神生活的問題。若說到物質生活方面，則我也有一些特殊感受。這可以從臺灣的昆蟲說起。

昆蟲自然到處都有，但我在臺灣特別感到昆蟲的威脅。我訪問的清華大學是在臺灣新竹市。新竹市有「風城」之號。風雨既多了，天氣潮濕自不待言，於是提供了昆蟲繁殖的有利環境。像蟑螂、螞蟻與蚊子這一類郊區常見的昆蟲，就不必談了，最使我印象深刻的，是青蛙與蜘蛛。

我住的地方，是清華校園外的宿舍，稱爲「北院」；原是多年前美軍顧問團的職員宿舍，後來顧問團走了，房屋成爲臺灣銀行的產業，由清華大學租用，這裏房屋本來甚爲寬敞。數十家平房構成一個新村式的區域，有樹木，有草地，還有球場，似乎設備不錯。大門口原有警衞，現在仍然有司閽整天坐在那裏，不過，對於治安似乎並無實際作用。

我平生第一次被小偷入房竊去戒指、手表等等，就是不久以前在這裏發生的事，而至今並無破案跡象。

與警衞同樣喪失了原有作用的是草地。當年美軍在這裏，料想草地是經常修剪的。現在則完全變爲野草叢生的景象，而昆蟲出沒於荒草中，便很自然了。

我第一次受到昆蟲的驚擾，是一個秋天的黃昏。我自學校歸來，經過一堆荒草，正要開門的時候，突然一隻青蛙從我腳背上躍過，我陡吃一驚，手上的門匙幾乎落地，頓有山野棲居的感覺。後來，幾次發生類似的情況，反而感覺痲木了。

青蛙雖使我吃驚，卻還不是眞正可厭。最可厭的是蜘蛛。平時我們總以爲蛛網縱橫是荒園廢宅纔有的景象。這裏則不然，不但我的住所，時時會發現牆角門旁有蜘蛛結網，需要清掃一番，而且在學校許多大路旁邊，也常望見蛛網橫牽，在日影下閃閃發光。有一次，我走過某個工程館（清華有「工程一館」、「二館」、「三館」等等，都是工科的辦公室），正想從門前繞過，猛然發現館門外大路旁邊的石柱上便有片片蛛網，幾乎撞得滿頭皆是。

室外是如此，甚至室內，許多人常常來往的地方，也會發現蜘蛛網。我講課與考試都用會議室，因爲比較寬敞，又有擴音設備。室中除了座位之外，還有很大空地，擺一些書架雜物。

最近在一次考試中，我發了試題，坐下來監考。偶爾擡頭，便見後面窗側，正有一縷蛛絲隨風飄蕩；便成詩兩句云：「深堂待卷渾無事，靜望蠨蛸掛曉風」。這也算是紀實之作了。

當然，蛛網不足爲奇，奇在無人清理。昆蟲自由發展，似乎人不再關心自己的環境。這是不是臺灣社會趨勢的某種徵候呢？

一個微觀的實例

由於近年社會科學詞彙的影響，許多人——尤其中國大陸的學人們——都喜歡用「宏觀」和「微觀」這兩個字眼。我本來不習慣使用這一類的詞語，總覺得它們意義不很精確，但後來和別人談論多了，發現有時用這一對詞語也有方便之處。

我自前兩年開始注視臺灣社會及政經發展，寫過不少有關臺灣的文字；但大致上都可算是取「宏觀」的角度；所涉及的是制度、思潮及社會風氣等等。最近有一點小經驗，卻提供我一個從「微觀」角度描寫臺灣社會的機會。

事情很簡單。我應清華及國科會之邀請，到新竹清華的歷史研究所擔任客座，原本未考慮「居留」問題。但後來忽然發現辦許多事（如銀行開戶之類），竟必須要有「居留證」。我開始時以爲這種事一定有規章可循，便託清華的行政人員辦理，以爲不會有大困難。豈料事態大出意外。首先發現的是：大學當局對這種法規並無了解，爲了辦我這件小事，害得研究所派專人去臺北查詢，經過幾番轉折，我得到的答覆是：應於新竹市當地的警察局辦理申請。雖然時間已拖了兩三個星期，我仍然不以爲意；認爲總算弄清楚了手續，可以解決這個小問題了。

然而，我隨大學職員去新竹警察局辦這個「居留申請」，卻給了我一種新經驗，完全出乎我意料之外。

我先被引到警察局的戶政課。其時是下午二時半左右；走入辦公室，便有該課職員告訴我們說主辦人不在，要等候他。於是我和那位大學職員便在門口徘徊（這裏並無供人等候的地方）。不久，一位穿制服的半老職員施施然走來，叫我們到他的辦公桌旁邊。看了我的香港護照，又以軍人下命令的口吻說：「拿身分證來。」我遞過身分證，他瞇著眼睛望了我幾次，突然說：「你是要來臺灣定居嗎？」我爲之愕然；分明是申請「臨時居留證」，如何變成「定居」問題？便對他解釋我是來臺灣訪問，爲辦事方便，要申請「居留證」。他木然搖頭說：「那應該去找外事課。」然後便不再理睬我們。我們只好下樓去找外事課。外事課的那個職員，正在和一個小男童嬉戲。聽了我們說明來意後，又大搖其頭，說我不能辦「居留證」，因爲香港來的人又不算是「外僑」。我們想問他，像這種情況，究竟該如何辦理，但他匆匆說完，便携了男童的手，離座而去；其時未到三時，並非下班時間。

我當時雖感意外，但很快便推知其中道理。大約臺灣對港澳人士只許辦「定居申請」，不許辦「臨時居留」。這其實是很簡單的法規問題。難解的是：第一，大學並未存有這種法規，以致無法查明；第二，清華向出入境管理局查詢時，該局亦未出示法規；第三，新竹警察局辦事人員不詳加解釋，而且也不出示法規。一切問題只由辦事人員懶懶地口頭答覆了事，似乎和三、四十年前的「衙門作風」並無不同。

臺灣的現代化運動，在「宏觀」角度看，雖然問題重重，似乎仍不無可讚賞之處，但從上面說的這個小小實例，依「微觀」角度來看，則臺灣社會所呈現的面目，便更使人沮喪了。

霜鬢栖栖感萬端

國事談了很多次，這一篇紀感從個人感受說起，也算是對臺灣社會觀察的另一個「微觀的實例」（去年我在《中時晚報》上發表〈一個微觀的實例〉一文，曾引起當局人士的注意。這次，本文在港報發報，希望不會有甚麼後果）。

先要說明，標題的七字是七月初與家兄貞一相會時所作的七律中的一句。原詩如下：

「平生孤抱對狂瀾，霜鬢栖栖感萬端。西北天傾媧煉石，東南海闊衛啣丸。每嘲興盡愁無盡，漸悟才難遇益難。廿載一逢人共老，何時煮茗話更殘。」

這首詩仍是感時書懷之作，自然並非指在臺訪問的生活而言。不過，「霜鬢栖栖」一句，形容我最近的遭遇，倒頗爲適合，因此，本篇便以這句話爲題。

這裏所謂「栖栖」，是指居住不定或不安而言，不像在原詩中那樣含意廣泛。原來我到臺灣以客座身分執教，居住問題從頭起便使我心煩。我去年所住的「北院」，位於校外，是昔年美軍顧問團的住所，失修已久。門外是野草覆路，房內則一遇風雨便到處漏水。加上周圍是永不改建的舊軍眷區，一片髒亂，如貧民窟。我住在那裏，房子雖然寬敞，卻是不能出門散步。每每燈下獨坐，眞有點「流落天涯」的味道。有一次，廳房同時漏雨，我在滴瀝聲中兀然獨坐，更有思歸之意；曾作五言一篇記感。現在說起來，已經是所謂往事了。

然而，今年的情況更爲奇怪。我在今年年初，已知道清華大學宣布「北院」租期將滿；七月底以前，全部住戶皆須遷出。於是我在七月中返港之前，便將箱籠雜物寄放在一位友人家中；校方預定我八月再來時住入「西院」另一宿舍單位。本來安排已定，不料臺灣辦事之奇怪出人意外。我八月來臺北參加會議，預計會後數日便搬進新居，以爲中間幾天暫住清華的「百齡堂」（招待所），亦無所謂。

到了新竹以後，事情卻有奇怪變化。原定分配給我的「西院」單位，竟又臨時給了另一位教師居住，說九月一日卽可遷出。我只好住在招待所等候。九月一日以前，當事人卻特別向我表示歉意，說九月一日他仍不能遷出云云。於是，我便只能繼續等下去。自己一切雜物，都擺在友人家中，我變成在旅舍中生活。數十年來，我第一次有這種古怪遭遇，「霜鬢栖栖」一語，恰好自嘲。而「北院」舊居，現在卻又不收回了。

當然，這並不表示學校對我個人有甚麼惡意。事實上，大家對我都禮貌頗周。事情本身也很簡單，問題數日內一定解決。但此中透露出的臺灣辦事程序之亂，效率之低，卻大可注意。

第一，「北院」是否約滿另續，校方早應有決定。七月尚在催住戶搬出，八月卻又變卦，憑空給人一串麻煩。我倘若早得到通知，說不必遷出，則我卽不須匆匆將舊居搬空。舊居暫時不動，等候另換宿舍，便一切自然。現在，我費了不少氣力搬出雜物，將房屋交還，結果卻又並不收回。程序之亂，實在可笑。而受此舉影響者有「北院」數十家，不過他們不是外來訪客，不像我情況特別糟而已。

第二，既然另給我撥定了「西院」宿舍，爲什麼又讓另一位教師遷入？這顯然是處理時了解方面有錯誤（可能以爲我九月方來，但我早已通知學校，我八月中會來辦理報到手續的）。小小一個學校，內部資訊都如此有欠靈通，大事可以想見其零亂了。

第三，「北院」既在八月決定續約租用，則那位需要住所的教師，應可分配到「北院」。事實上，「北院」原住戶都已遷出。現在撥一所給這位教師暫住，豈不較暫住「西院」好得多？他如暫住「北院」，等候另撥房屋，則既不會弄亂了我的計畫，也不致使他不能安居。這是很顯淺的道理，不知行政當局爲何想不到。目前這種安排可說是最不適當的一種，他們偏偏作此選擇，實在令人難解。

兩年前，我久別臺灣之後，重來訪問。只是演講與參加會議，來去匆匆，對臺灣情況了解尚不明確。當時，總以爲臺灣走向政治經濟的現代化，雖然難免有許多脫軌失序的現象，但至少社會活力應該已經轉強，因此，我抱了某種希望來進一步了解臺灣。然而，去年我開始以客座身分住下來以後，便處處發現臺灣社會的體質病甚爲嚴重。從政府機關到銀行、學校，甚至郵局，其辦事之無效率，可說與數十年前根本上並無大異。雖然在政治及經濟方面，確有很大的變化，但人們的心態則距離現代化社會甚遠。一般工作人員，不論是在上層機關或基層，根本上大家缺乏嚴肅盡責的服務精神。似乎每一個人都無意於將他做的工作盡力做好；相反地，人人都在逃避責任，事事敷衍。制度化與規則意識既非常缺乏，個人似乎都習慣於中共所謂的「個案處理」的辦事方式。而處理個案時，效率又特別差，則到處一團糟，似乎是當然結果。

近數月來，臺灣政潮起伏。兩黨的聲望都在下降。在民眾方面，似乎未脫以人爲主的傳統想法，因此，或罵國民黨當局無用，或責民進黨人胡作非爲。其實，這一切毛病的總根源，仍在於制度不立，心態過分落後。從每一件小事分析，一個認眞的觀察者，都會看見同樣的病根。我遇見的怪事不過是一個小小實例而已。

樂觀的危機

——臺灣與世界

臺灣的「大陸政策」

——海峽兩岸交流頻密對臺灣的衝擊

最近偶然參加了一次在臺北舉行的會議，以討論臺灣的「大陸政策」爲主題。會中及會外的接觸，使我對臺灣人士的想法有許多新的了解。

最近我感到意外的，是臺灣學人以及親臺的海外學人，對於所謂「兩岸交流」的形勢，竟然大表憂慮。本來，大批「老兵」和其他「返鄉探親」的臺灣居民所形成的熱潮，確實增加了不少麻煩——甚至香港機場也一度受到影響；這是事實，也不難了解。但上面所說的憂慮，並不指這種一時的麻煩而言。憂慮「交流」對臺灣不利的人們，主要的論調是，「交流」只符合中共的統戰利益，而且可能威脅臺灣的「安全」。這就牽涉到對於實際形勢的了解及判斷了。

當然，如果只是從很廣泛的意義來說，誰也不能絕對確定地判斷「交流」不致爲中共所利用；但是，若扣緊現實的特定因素看，則所謂對臺灣「安全」的「威脅」，究竟如何估定，便隨所選的特定論點而不同。譬如，若專就軍事侵臺的「威脅」看，則直接決定因素，應在中共的軍事力量與政策取向，而不在於是否有些民間的「交流」。明白近年中共政情的大略的人都知道，中共在「軍事現代化」計畫完成之前，不會發動大規模戰爭；而就政策取向說，現在不論是改革派或保守派，都以經濟改革及發展作爲主要目標，而需要所謂「和平」來提供有利的環境條件（雖然有了「和平」的環境，中共的經濟改革也未見得能順利進行，但若無「和平」環境，則經濟改革更無從着手）。因此，在大形勢未有劇烈變化之前，中共軍事攻臺本身的可能性極小，尤其不會因有些「交流」而決心攻臺。

持憂慮「交流」造成威脅的論調的人士，主要意思不外是說，「交流」多了，會瓦解臺灣的「反共意志」，或削弱所謂「敵我意識」，但「交流」的後果也不是這樣簡單。臺灣羣眾誠然缺乏明確的共識，而有一種「迷惘」情況（這一點我已經在另一篇短文裏談過），可是，另一面，許多探親歸來的人，感到大陸既貧窮落後，又充滿貪污、無效率等惡劣現象，也是事實。這些人返鄉一次，結果並不會不再「反共」，反而會加強對共產主義制度的排拒意識。縱然有些人特別重視鄉情與親情，可能對大陸的敵意較少，但這些人的情緒傾向，也未必是「交流」後才產生。因此，「交流」只會瓦解臺灣人的反共意志的說法，也只能適用於很少的情況上。經過「交流」而更對共產主義制度失望的人，事實上很多。

倘若不專就軍事方面談「威脅」問題，則意義更加朦朧。例如，就思想文化方面看，或就經濟方面看，究竟兩岸「交流」，會怎樣「威脅」臺灣的安全呢？大陸思想近年已不是以「馬列毛思想」爲主導原則。盛行的思潮，有反傳統，貪實利，輕視法律等等傾向；但這些傾向與大陸社會及歷史脈絡密切相連，怎能影響臺灣？而且，這些傾向與中共官方要求全不相合，更不能幫助官方政策的推行。臺灣又本有反傳統及功利主義的風氣，也不待受大陸影響。至於官方思想，則在大陸上已愈來愈脫離羣眾，又何能在臺灣社會裏發揮作用？總之，這一方面的所謂「威脅」，很難明白其實際指涉何在。

「交流」本是一種新形勢，凡新形勢出現時，必同時携來新的希望與新的問題。我也不否認，「交流」確實帶來一些麻煩問題；譬如，在大陸另行結婚而又並未辦什麼「缺席裁判」一類的離婚手續的人，會忽然發現原來的配偶出面控告他重婚。這自然是一種麻煩。處理不當時，也會引出許多社會問題。不過，這種麻煩，是由於過去臺灣政府與民間都不重視法律而引生。要解決並不很難，只須另定明確法規來處理這種問題卽可，也說不上什麼大「威脅」。

眞正的問題倒是，臺灣人（包括政府與人民）能否面對這種新形勢作有利的運用？能運用新形勢，則新局勢卽帶來新希望，否則，自己不能運用，只等對方運用，則也可能使新形勢終於成爲對方手中的一張牌。但這是運用問題，而非新形勢本身的問題。

我一向與所謂親臺的學人，如所謂「四大金剛」之類，接觸甚少；不很了解這一批人的作風及識度。這次順便觀察，有時稍作探試，結果發現親臺學人似乎都缺乏保持學術尊嚴的習慣，既不似中國傳統中所謂「作帝王師」的意趣，也不像西方知識分子常常以代表羣眾的心情向政府抗議。反之，除了一二人言詞較爲鋒利，尙略有抗議精神以外，大多數作法都像是在學習官場的迎合敷衍。或許他們別有苦心，但在我這個旁觀者看來，每每感到大不自在。

至於原在臺灣的言論界或學術界的名人，則有些表現也使我頗感意外。其中，最爲印象深刻的是某先生的「恐共」論調。自文革以來，海外的中共研究者，大致傾向是愈來愈看清中共統治的失敗處。而這位先生卻似乎停留在三、四十年前對中共的認識上。他實在是相信中共有破壞一切的威力，因此，反覆強調中共隨時可以吃掉臺灣。他那種語重心長的態度也有點令人感動，然而，他描繪的中共形象，與現實距離奇遠，令人有無法溝通的感覺。對於中共的結構性病態，以及目前大陸的危機四伏、困難重重的形勢，這位先生似乎全無所見。以目前臺灣資訊之發達，以及這位先生地位之重要而論，何以有此情況，眞令人百思莫解。另一面也有奇異的樂觀論調，我將另寫一文談那方面的問題。

樂觀的危機

——開放改革不等於自由化

上次我談臺灣的所謂「大陸政策」，曾說「恐共」的心理在臺灣仍未消滅，影響某些重要人士的態度。那可算是屬於臺灣的「悲觀論調」。現在談談另一方面的情況。原來臺灣又另有一種可稱作「樂觀」的論調，也使我們頗感不解。

讓我先申明一句，我所要評論的是這種論調，不是某些特殊的個人。持「樂觀」論調而遠離政治現實的人，雖多少有點使我失望，但這些人士在其他方面的貢獻或成就，我同樣予以尊重，也不會因為他有這種論調，便去抹煞他可敬的一面。

所謂「樂觀」，是指他們對大陸現況及其前景的判斷說。我所以說這種樂觀論調使我不解，因為我覺得它與政治現實情況完全不合。例如，有一位久享大名的學人，他對臺灣近年的發展也有決定性的貢獻。但這次，我聽到他談論中國前景時，卻大感意外。

他的主要論點有兩個。第一是，中共採取改革開放的路線即表示中共有決心走向「自由化」，而這是中共政策的大趨向。第二是，中共的改革大體上順利而且有成果，繼續發展下去，可促成海峽兩岸的經濟合作。

是否這種「合作」足以導致「統一」，他未加評論；似乎他也承認「統一」不是很快可以實現的，不過，他同時也似乎並不察覺此中有什麼難以解決的根本困難。

顯然，從中共進行改革九年來的實際情況看，他這兩個論點都可說是遠離事實。

首先，就中共政策趨向而論，鄧小平、趙紫陽以及現已下臺的胡耀邦，都從來不曾肯定過「自由化」。在他們眼中，「改革」或「開放」與「自由化」全非一事。不論客觀上進行改革的後果是不是造成「自由化」，就中共的政策講，那些當政的人的想法，正是要進行某些不得不有的改革，而同時防止「自由化」。此所以在七九年後，中國大陸上幾乎無人公開反對「改革」，但「反自由化」卻曾經是官方發起的一個運動。這個運動本身不成功，是另一件事。有這個運動便足以表明中共決無推行「自由化」的意向；反之，防止「自由化」倒是中共官方的一種「共識」。改革派至少在表態時從未贊成「自由化」，保守派人士如陳雲、李先念等，過去更屢屢強調「反自由化」的重要。

也許有人說，既然改革在客觀上可以導致「自由化」，則縱使中共當局主觀上排斥「自由化」，也不重要。但這就犯了政治判斷上的錯誤。我們應該了解的是——這種政策方向與客觀趨勢間的衝突，正是今日大陸的改革困局的一大關鍵。正因爲掌領導權的中共當權人士（包括改革派及保守派）都在意向上與客觀事理不能配合，而又堅持他們的意向，改革運動才會屢屢受挫，而不能免於起伏不定的大病。如果我們對中國大陸的政策前景作判斷，卻忽視這種內在的衝突問題，便是觀念上的迷失。結果，由此推繹出來的論斷都會遠離事實。

其次，就對中共改革運動的觀察來講，認爲改革運動並無大困難，也是使人詫異的。凡了解中共經濟改革在一年來所出現難題的人，很難明白何以會有人這樣想。

中共目前的經濟困難，可說是病因複雜而且形勢已成；若非徹底來個大改變，簡直看不見什麼出路。舉例說，有些難題有結構性的根源，牽涉到中共政權的發展史及制度特性，卽如，幹部特權對一切經濟政策及經濟秩序之干擾。另有些難題可說是歷史性的累積結果。卽如中共「建國以來」，由普遍匱乏而引致的對生態環境的破壞，這種情況在「文革」十年中尤甚。於是，造成頻繁的「天災」。最顯明的實例是——一九八八年只在湖南一地，被洪水淹沒的田地卽超過百萬畝，以致從一九八八年年底到現在，「糧荒」已逐漸呈現（當然，糧荒尚有其他因素，也與經濟改革的失敗有關）。另有一些難題，則由政策本身的內含矛盾而來，又牽涉到「意識形態」及「信仰危機」之類的因素，更是複雜。總而言之，中共今日面對的經濟難題，其嚴重及困難程度可說是中國數百年來所未有。而「改革」之荆棘重重，自然不待再說了。

自從李鵬接掌經濟的實權以來，看不出有何新的方略，今天注視中國大陸改革運動的人，決想不到對這種局勢會有那樣樂觀的看法。

以上說了許多批評樂觀論調的話，並非爲了情緒上的滿足，而是因爲我感到，在這種遠離事實的樂觀論調背後，隱藏著臺灣社會的一種危機；這裏如不看清楚，則後患可慮。

從經濟貿易這一方面說，臺灣商人急於找新出路，因之寄望於大陸市場；同時所謂「夕陽工業」的延續問題，更使一些臺灣資本家急於向大陸投資建廠。然而，這些工商界人士能否如願地達成目的，全看大陸的大環境如何。倘若不面對事實，只憑樂觀想像來作判斷，則一旦發覺大陸經濟的大環境完全不如預想時，不僅努力落空，而且極可能已躭誤了其他本有可爲的機會。這可說是貿易方面的危機。其次，從政治決策方面看，知己知彼是制訂良好政策的必要條件。臺灣目前處境頗多困難，要找出合理想的大陸政策，本非易事。但若是不了解政治現實而作錯誤估計，則便不可能有較合理想的決策。而憑空樂觀一番，正妨礙客觀了解的建立。臺灣有人強調「敵我意識」，深恐中了「統戰陰謀」，有人「恐共」而怕激怒對方，又有人如此樂觀。意見雖殊，卻都透露「不能知彼」的危機，這又比貿易方面的危機更爲嚴重了。

厲以寧與股份制

——具有前瞻性的經濟改革計畫

最近中國大陸的經濟改革轉入所謂治理及收縮的階段；加上去年天災嚴重，農村中又有農民脫離耕作的傾向，造成預料中的糧荒。廣州及深圳這種較「進步」的地區都已經重施配糧政策，眞有滿目蕭瑟之意。在這種蕭瑟景象中，唯一有前瞻性的經濟改革計畫，似乎只有厲以寧的「股份制」建議了。

因此，我不久以前偶然與厲以寧及其他幾位先生共進午餐，便很有興趣了解他的觀點。

厲氏的主張或觀點，最重要的有兩點。

第一、他深信中國大陸的經濟改革，主要關鍵在所有權問題。他所以反對在改變所有權結構之前去開放市場價格，只是次序先後的問題。換言之，他判斷所有權結構若未有改變，則開放市場價格決不能收到促進生產的效益，反而會造成混亂恐慌。

第二、他認爲，在目前中國大陸的現行制度下，無法直接恢復私有制度，因之，他就不得已而求其次，要通過「股份制」來初步改變所有權結構，他似乎深信這是唯一可行之道。但這兩點只是他的主張，並不表示他同時有把握使中共當局接受他這個建議，反之，他對目前所謂「智囊團」影響當局決策的力量，並不作樂觀的估計。他曾很感慨地表示，所謂「智囊」，實在無人當得起這個稱號，因爲知識分子雖然常被當局諮詢，但究竟能否接受專家建議，是全無把握的事，因此，在他看來，並無一人足稱中共當局的「智囊」。

事實上，我們當然知道，海外言論界談到「趙紫陽的智囊團」一類話題的時候，本來卽指那些常備諮詢而又時時起草計畫的專家們，並不包含「言聽計從」的意義，和厲氏的想法不同。不過，這種用語歧異並不很重要，重要的是，厲氏這種表示透露出，在中國現況中，知識分子的「無力感」；而其所以會如此，又得回到整個政經制度上去找解釋了。

厲氏給我的印象，是他判斷準確，用心良苦。就對中國大陸實際難題講，他的看法和我平日的論調有許多可以互相印證之處；而就他的態度講，則確有「苦心謀國」的意味，令人讚歎。

他的思想和主張，是以對「現實政治」的了解爲基礎，迥異於海外某些只運用一般理論來推想的議論。這也是可貴處。但正因爲他的發展歷程被罩在那個共產主義的大氣氛之下，所以，他的心態與思路也常與外面的世界有距離。舉例說，他現在終日宣說他的「股份制」

理論，如他自己所解釋，這是「求其次」的辦法。而其所以要「求其次」，則基於現實上可行性的考慮；專就他自己的思想看，這裏也未見得有什麼內在困難。然而我們若進一步追問，何以他認爲私有制是必不可行的；這種「不可行性」是在什麼條件下說？則很容易發現他的心態思路的特殊限制。

簡單地說，他考慮中國經濟改革的前途或步驟，是在一個預認條件下進行研討。這個預認的條件，即是不可動搖中國共產黨的政權。當然，他根本上是站在一個爲中國大陸現在的政府畫策的地位，這個預認條件就是不可避免的。

用個譬喻說，如果一個朋友遭遇困難，我你爲他想辦法，你可以有種種不同的建議，但不能建議他自殺，這也可以看作「建議」這種行爲的規則。

所以，若是純從厲氏自己的立場說，則這種限制不足爲病。不過，若是我們拋開畫策的立場，而只面對這個有關中國（不等於中國某時期的政府）前途的問題，探索各種可能出路，則情況便有根本差異。至少有一個邏輯上的可能是，現行制度在現政權下不能徹底改變，因之其難題無法解決；而由此再進一步，便自然推論到，要解決這種難題，必須改變這個政權。這也就是歷史上一切革命發生的情況了。

我本人考慮「實際政治」一方的情況時，早就表示過，我不認爲中國大陸有發生革命的充足客觀條件；所以，上面這樣批評厲以寧，也並非表示我認爲他的逐步改革的想法有什麼根本錯誤，更不表示我希望他取革命態度來看中國大陸的經濟問題。他們幾位有「智囊」之稱的知識分子，目前所取的這種爲政府畫策的立場，我也不覺得應該反對。

我之所以指出這種心態局限問題，只爲了點明海外及臺灣人士與大陸人士在觀點上的基本差異所在而已。我覺得了解這種差異，本身也是一件很重要的事。對差異的了解，有時反而減少隔膜感。至於對所謂「股份制」的具體意見，則我覺得厲氏對現勢的了解雖然頗爲準確，但他的處方卻仍似乎避開了某些不應忽略的問題。

舉例說，「股份制」如不包含「股票自由轉讓」的規定，則結果只能導向南斯拉夫式的經濟困局，並不能眞正消除現行的公有制下的難題，也不能有改革生產的效用。但厲氏似乎只將「股票市場」之出現看作「股份制」推行後的自然結果。在我看，市場如不開放，則「股票市場」不會單獨出現，而「股票市場」不出現，則「股份制」卽未能眞改動所有權的結構。

厲氏反對開放市場，而主張先行「股份制」以改變所有權結構。他只憂慮上層分子爲特殊利益而拒絕他的方案；因之，他說：「市場改革使基層承受不住，『股份制』則可能使上層承受不住。」換言之，他只怕上層反對「股份制」，而不覺得這個方案有內在問題尚未解決。我則覺得，特權集團的反對是一切方案共有的問題。「股份制」卻另有自身的問題；無論從理論或現實政治看，都是一樣。

「神權」與歷史懲罰

——《撒旦詩篇》與伊朗的教權政治

一位出生於印度的英籍作家，竟然爲了寫出一本《撒旦詩篇》而被伊朗的何梅尼公開下令「追殺」。倘若用輕鬆的眼光看這種新聞，可能令人想到從前一度流行的驚險電影故事，而有人生如劇場之感。但若是態度嚴肅一點，認眞看這種現象的前因後果，則會發覺這裏包含的一種危機，幾乎可影響世界每一角落，未必容許誰眞正置身事外而作風涼語。

這種危機就是神權政治的重現，以及由這種政治勢力所衍生的集體性唯我主義、恐怖主義以及廣泛的反理性、反公平的思潮。

倘若我們強調歷史的了解，則或許我們可以回到我從前所說的「歷史之懲罰」這一類觀念，來解釋這種現象。換句話說，這些可怖可憎的事所以會發生，實在與從前人類自己的某些過失或罪行有關。十九世紀以來，歐洲勢力向東方的擴張，是許多歷史悲劇的共同因子。這與歐洲發生的現代文化本身有什麼價值並無確定的關係，因爲無論一種文化是怎樣地有正面價值，只要它是憑強力而向外傳播，則那些被強迫承受其影響的人，基本上必有一種被傷害的感覺。而這種感覺很難由所傳播的東西的內容來解消。好像一個人強迫別人吃人參時，被強迫吃人參的人不會因所吃的是人參而忘了他被強迫的境遇，民族間或不同文化社會間的情況也是如此。這一點道理本來很明顯，但卻常常爲人所忽略，於是便每每看不見某些問題的眞象了。

以伊朗的何梅尼所代表的神權政治而論，自開始以來，大約很少人不覺得這是荒謬的政治現象。然而這種神權的復興，卻自有其社會心理基礎。中東的回教民族，有很長時期於西方壓力下生活。一種嚴重的被傷害感早已形成，而對整個西方文化的敵意，便使羣眾心理傾向不知不覺間脫離理性的引導。伊朗人會擁護處處顯得瘋狂的宗教領袖，而不顧及任何客觀事理或價值標準，只由於他們覺得他們的教義是屬於他們自己的，並非由於他們考慮到幾種文化後，清醒地選擇了目前這種道路。

這種將「屬於自己的」與「屬於別人的」看成正反價值的判別標準的心態，在「理」上自是不可通的；但在「勢」的方面，則其形成不難了解。倘若「別人」總是以強力來壓迫他們，並不讓他們自己作理性的選擇，則他們以非理性的態度來抗拒，也就不足爲怪。伊朗從試行現代化一變而退往神權政治，正是這種抗拒要求的具體表現。而這樣的政治下，由領袖到民眾已拋棄了一切共同規範，只是順著「自己的」教條生活；對於西方本已充滿仇視心情，一旦有觸犯他們教義的小說，在西方出版，則一切激情反應，皆在意料之中。

西方國家面臨這種挑戰，自然也會有很強的反應。但這個事件只是一套事象中的一環，他們似乎也未作全盤考慮。紐約的書商只慨歎外國的威脅竟然使他們不能堅持憲法權利，而被迫要將書架上的書收起來，不能售賣，卻未深究這種奇怪現象背後是什麼。爲什麼今日世界中竟有像伊朗這樣的神權政治出現？爲什麼它會無視於一切國際規範而威脅到倫敦及紐約的西方人的安全？伊朗眞有藐視世界的力量嗎？這些問題一經認眞考慮，便會使我們對今天世界的危機增加新的認識。

若專就力量而言，神權或教權統治下的伊朗可謂一無可稱。政治運作接近文革的共產中國，經濟上則只見匱乏困窮、毫無生氣。教育方面更是自我封閉。甚至鼓吹暴力與流血仍是何梅尼統治的特色之一，談到戰爭的實際能力，也是完全無出色表現。兩伊戰爭中，只見伊朗驅民送死，結果還是飲了「苦杯」。伊朗不但毫無力量藐視世界，連是否有自保力量都大爲可疑。然而它仍然不守任何國際規範，在國際活動中處處擺出一付霸道的架子。這裏隱藏著什麼東西，豈不大可注意？要看穿背後的隱藏因素，非得回到最基本的問題不可。那就是，這樣的神權爲何會出現？因爲神權政治如果被一羣人接受了，則一切非理性的活動在神權的意識上都變爲可能。

可是，要解答這個基本問題，便不能不歸到西方文化向亞洲擴展的方式，這似乎是西方多數人不願面對的問題。卽就近來美國的言論看，評析伊朗局勢與追殺《撒旦詩篇》作者拉什廸的事件的文字及談話已有不少，除了表面的譴責外，比較深入探討的論點，大抵落在何梅尼個人的策略上面。有人指出，何梅尼在對伊拉克的戰爭中旣已不能成功，他就要另找機會去加強他的教主領導權，抓住一個題目來運用已有的反西方情緒，以激烈主張突出他自己的英雄印象，是頗易了解的策略。

再加上伊朗經濟的困局亟待打破，因之有溫和派擡頭的傾向。這又使何梅尼感到權威受到威脅，發個追殺命令來鼓動羣眾的激情，無疑可以使溫和派的路線受到新的壓制。換言之，這種觀點都是強調政治策略的意義，而不根究何梅尼所代表的神權狂潮本身出現的原因。這些說法雖然並非無理，但顯然避開了或遺漏了最核心的問題。

人類歷史上常見的悲劇之一，卽是不肯徹底檢討已有的錯誤。日本至今還推卸二次大戰中的侵略責任，中共至今仍不肯徹底否定毛澤東的思想。則西方人不肯反省百年前對東方的態度，也算是「常情」。但是，這種不認錯的作法，只會造成更多錯誤，引來更多「歷史懲罰」。

小國與大勢

——共產主義沒落與新權威主義

最近亞洲的形勢顯然已有重大變化，而具體透露這種信息的，並不是甚麼大強國，反而是幾個小國。這自然不表示小國反能決定大勢；只由於小國的實力較小，因之抗力也較小，歷史演變的趨勢易於在這種地方首先透露出來。

這裏最値得注意的是，目前國際大形勢的變化，並非一種單純的趨勢，而是有幾個不同的趨勢同時在漸漸透顯；因此，我們很難找一個概括性的詞語來標示這種多元趨勢。我們能做的只是對這幾種趨勢分別作一點描述。

首先要談的是柬埔寨。這個先受到帕布的殘暴統治，後來又被越南進軍佔領的小國，竟突然要成爲一個由共黨國家變爲非共國家的實例。金邊的洪森，在越軍撤退的新形勢下，不僅接受施亞努回國出任元首，而且宣布廢除「柬埔寨人民共和國」的國號，所謂「修憲委員會」並將制定新國旗和國歌。這是自共產主義運動在世界各地推動「革命專政」以來，第一次看見一個「人民共和國」自動消失。

當然，變得不再是「人民共和國」的柬埔寨，是否眞能走上安樂發展的大道，尚未可知。尤其曾以帕布爲領袖的赤柬，顯然不甘心放棄他們的專政野心。施亞努雖有資望，而實力未足，難以制服赤柬。

目前，施亞努及其左右似乎將希望寄託在聯合國和平部隊上，但聯合國對於像赤柬陰謀奪權這種危機，究竟能發揮怎樣的制裁作用，則誰也不清楚。總之，柬埔寨取消「人民共和國」之稱後，能否度過赤柬危機，而眞正轉而施行民主政治，現在並無保證，不過，即就改國號這一個史無前例的舉動來看，顯然，共產主義世界的內部結構，已經在崩解，柬埔寨雖只是小國，但從它這個轉變中，卻可以看出共產主義衰落的大趨勢。

可是，共產主義運動之衰落，固然是大勢所趨，但如由此推論自由民主的運動將普遍地進入興盛期，卻又未必盡然。即就亞洲而論，我們轉望其他地區，便又會發現民主運動也可以進入一種古怪的自毀狀態。這裏，另有一個小國提供實例，它就是南韓。

記得全斗煥下臺、盧泰愚以改革者的姿態登場，並承認了反對黨的地位時，許多人都以樂觀心情看南韓局勢的發展，認爲南韓的民主化從此將一帆風順。但事實上南韓局勢的演變卻與這種預想相差甚遠。反對黨之間不能合作，因而在大選中使盧泰愚獲勝，尚可算是策略錯誤，未涉及民主運動之基本立場問題，後來學運由爭民主變爲同情北韓，則是自身的大否定，無可辯解了。無論怎樣看韓國問題，金日成所代表的政權，總是極惡劣的專政勢力。

南韓反政府的人士若眞有對自由社會或民主制度的理想，如何能同情金日成的政權？最近，所謂「異議分子」竟去靠近北韓，學生們也全無譴責金日成的言論，反而似乎要逼盧泰愚政府早日與北韓合作。這就是暗暗改變南韓學運爭民主的基本立場了。至於模仿恐怖主義的行爲，則迫使一向利用學運來反政府的反對黨也不能不表示反對，更顯示出南韓民主運動正在走火入魔。而另一面，代表專制的勢力反而獲得發展機會；於是，亞洲的民主運動，在南韓這個小國，透露出一種奇異的危機。再就大勢來看，則南韓這種情況，正好與近來初步擡頭的所謂「新權威主義」相呼應。而「新權威主義」正是目前亞洲民主運動的敵人。「新權威主義」的基本論點，是判定落後地區必須在強力領導下方能進步。而對這種論點最有力的支持便是民主運動所容易引生的人心不安與社會失序等現象。至於民主運動由於反抗當前的政府，竟改向另一專制勢力靠攏，如南韓學運目前的情況，則是更特殊的現象，更易成爲「新權威主義者」的藉口。從這個角度看，南韓民主運動似乎在人們不知不覺中要化爲支持反民主運動的力量。這就是我在上文所說到的「自毁」的意義。

合起來看，我們可以說，亞洲的形勢有兩個値得注意的大傾向——其一是共產主義運動的衰落，其二是民主運動也遭遇困難，特別是受到「新權威主義」的挑戰。柬埔寨與南韓，恰恰分別透露出這兩個傾向。有人或許認爲，南韓學生運動轉向親北韓的階段，只不過表示他們嚮往統一，似乎與臺灣最近改善與大陸的關係相近，但是，這是很表面的看法。「統一」這個口號，本來久已被共產黨政權所利用，形成以民族情感爲工具來抵制民主自由思潮的策略。亞洲民主運動者正需要識破這種把戲，使人不要爲盲目的民族情感所蔽，而放鬆對制度及理想的堅持，否則卽容易反被專政勢力所利用。南韓學運的主持人物及其隨從者，不論是否自覺到親北韓金日成政權是與民主運動原則相違，當他們採取這種態度時，客觀上已造成民主運動的大危機。縱使我們對所謂要求統一的想法也有某一程度的同情，但決不可因此而忽視這個危機的深遠影響。

至於臺灣與大陸的關係雖有緩和傾向，臺灣當局及民間均尙未接受無條件地求統一的想法。最近臺灣種種對中共採取緩和態度的作法，不過是爲了要打破外交困局的策略。所謂「一國兩府」之說，不論怎樣解釋，終與統一不同。這與南韓學生之轉向北韓，情況有根本差異。南韓的危機是由民主運動之自毀而激起「新權威主義」。這在臺灣似不可能發生。

六四後北京的政策趨向

自中共四中全會選出新的總書記和新的政治局常委會後，中共的「新中央」算是登臺了。不待說的是，以江澤民為首的這個「新中央」，基本上是恭承老人意旨的中央，很難代表什麼新的政治路線；不過通過最近的幾件事來看，這個「新中央」當前的政策趨勢，仍然值得留意；因為，不論背後有多少牽線人，臺前的表現仍透露這個統治集團的態度及做法。

第一件值得注意的事，是香港新華社負責人許家屯的留任。在北京學運發生以前，雖然我們都知道有所謂留任五年的建議，但學運發生後，香港形勢之突變，與香港新華社及其他中共方面的機構的抗議行動，都使人感到香港中方機構可能有大地震發生。而且「新中央」的成員中，並無一人可看作主張開放的，於是近一月來，大家對中共在港活動方向有無急遽變化，都日夜注視。尤其以新華社的地位來看，顯然是中共對港政策的寒暑表。倘若中共要在香港加強控制，則第一步必是先將作風開放的許家屯調回中國大陸或令他「退休」，另派強硬派的幹部來接手。因此，許氏的去留已不止是個人進退問題，而成爲中共對港政策是否收緊的關鍵。再加上中共當局最近的作法，基本上使許多人大感意外，似乎不能以常理推測；觀察中共動態的人們，也只能靜觀變化了。

如今，許家屯由北京返港，又公開出面發表談話，顯然至少短期內仍將留任。這已經表明，中共在大陸雖採取鎮壓手段及恐怖政策，但對香港暫時仍取溫和態度。再配上澳門新華社負責人的表態，以及江澤民最近對港澳人士的談話，中共對港澳的態度，似乎已經很明白了。

當然，江澤民的談話中，有些用語似乎不倫不類；例如，他說香港與中國大陸是「井水不犯河水」，便似乎太忽視九七主權轉移的重要性。不過，撇開措詞是否適當的問題不談，則從他的談話，與許氏留任的事實看，我們不僅可看出中共目前對港澳所取態度，而且由此亦可以逆推中共當前政策的一種趨向。

這個趨向即是——中共在使用強烈鎮壓手段壓制學運及民運後，對海外卻希望能不發生負面影響，以便繼續賺錢。換言之，中共的決策人士似乎並不明白這次大屠殺鎮壓所留下的後果有多麼嚴重。他們以爲很快會雨過天青，一切都「恢復常態」。

這種想法，就其本身講，確是不符現實情況，因此容易落空；但就其對港澳的影響講，則在短期中是有利的。

然而，必須弄清楚的是，中共當局目前政策趨向是對內嚴而對外暫寬。觀察者不可因見中共對外的態度又轉溫和，而誤以爲對內仍將像學運以前那樣放鬆管制。反之，這次改革派全軍覆沒，老保守派登場分奪權力，再加上鄧小平、陳雲等人自己都強調要加強「政治思想教育」，預料今後中國大陸將重見思想言論的嚴格管制，黨內的大規模清洗，以及社會控制的加強，斷斷不會放鬆。

說到黨內清洗問題，另有一點事實值得注意。卽是，中共的宣傳機構，最近推出一種論調，說要加強懲治貪污（據傳係鄧小平本人的主張），卻又同時將所謂「腐化現象」與下臺待罪的趙紫陽連繫在一起。對中共作風較爲熟悉的人，從這裏很自然地看出中共對內政策的趨勢。那就是——在懲治貪污腐敗的口號下，進行肅清趙紫陽一派勢力的「清黨」工作。這自然要處處從嚴，不待多說了。

第二件值得注意的事，是最近中共逮捕臺灣記者黃德北，然後又釋放。黃之被捕，完全在人們意料之中；因爲他既與「通緝犯」王丹會面，商量助王丹逃走，又「違反戒嚴令」而進行採訪。然而，由臺灣李慶華一紙私函的請求，便又將黃德北釋放，卻是一種有重要意涵的表示。正如中共方面的文件所說，他們是考慮「臺灣領導人的意願」而如此「寬大處理」

的。這個「領導人」自是指臺灣行政院長李煥而言（因爲李慶華是李煥的兒子）。中共居然會遷就「臺灣領導人的意願」，這不能不說有點令人感到意外，可是，這裏透露出的政策趨向，卻很容易明白。中共除了對港澳問題採取較溫和的政策外，對臺灣也在加強統戰，卽所謂「重視海峽兩岸的關係」。

就臺灣方面說，這次由奧委會的李慶華出面向中國大陸奧委會提出釋放黃氏的要求，本只是民間團體間的交涉，但中共的答覆，卻有意強調對臺灣當局賣好之意，使臺灣當局吃了暗虧。據聞，臺灣李登輝總統及其僚屬，對這件事大感不滿，大概也感到如此的交易是得不償失。當然，認眞地說，中共在這次統戰中得佔小便宜，主要是李慶華造成機會。李慶華本要參加臺灣的立委選舉，後來因李煥反對而退出競選，已經成了臺灣新聞人物。現在又扮演「溝通兩岸」的角色，不知有什麼打算。至於他這一舉動進一步在臺灣社會引起什麼反響，更難預測。

不過，若將這件事當作對中共當前政策趨向的測驗者，倒可說是有了可靠結果。中共對國內學生工人施行恐怖鎭壓之後，在國際上已遭到許多壓力；於是，北京的當權者便在對臺及對港澳方面，擺出溫和的姿態。也就是所謂對外從寬了。

一向喜歡期望中共自動「民主化」，甚至「自由化」的人們，切不可將這種政策又誤解爲中共繼續走改革開放路線；應知是否改革開放，主要須看對內的作法，對外的政策每每只是權宜之計而已。

遠景與逆流

今年世界共產主義運動的衰退，已使一九八九年成爲未來歷史上的重要年代。東西德無論是否走向統一，圍牆已破，東德的民主化趨勢已成。東歐的非共化至此已達高峯。只剩下羅馬尼亞還在「堅持」，但對東歐已經談不上有甚麼影響。蘇聯修改它的擴張主義，改變了它對世界的關係；雖然內部的經濟危機嚴重異常，使人覺得戈巴契夫的改革開放運動尚不能順利進行，但戈巴契夫已經寫出了新歷史。無論如何演變，完全回頭已不可能。

可是，在亞洲，我們反而看見中國共產黨成爲這個非共化的大潮流中的逆流。今年五月以來的「大倒退」，不僅是對內施行殘暴鎭壓的問題，而是對歷史新方向的頑強抗拒；陡然間，中共成爲唯一的反面勢力，向世界的遠景挑戰。回想近十年來，鄧小平在中國大陸首倡開放，幾度成爲國際間備受讚揚的人物，再轉看今年的變局，眞令人歎息「歷史的奇詭」。

當然，這種「奇詭性」只是感性的表象。認眞說起來，今天我們面對的這種遠景與逆流的衝突形勢，只有一半是可說出人意料之外的。那就是東歐的急變與蘇聯的新態度。有遠見的評論家，儘管可以判斷共產主義國家在經濟及文化方面的衰勢，將引發改革運動出現，但很難料到東歐國家能如此迅速地走向非共化，而蘇聯又全不干預。至於中共本身之不能貫徹其開放與改革的口號，則大半可說在預料之中。這因爲鄧小平開始推行改革開放時，便自己立下兩個互相矛盾的「基本點」，明眼人一望卽知其中死結難解。這裏的差異，只是具體事態的演變方面，而不在基本的路向方面。舉例說，如果今年北京的學運是有步驟地進行，採取波浪式的策略，則可以不致突然爆裂；但就基本方面說，鄧小平在「四個堅持」方面，本與一切保守勢力同調，則早晚必與民主化或自由化的社會要求有嚴重衝突；改革勢力如未能長成，則結果自會有「倒退」的逆流出現。不過強烈程度有異而已。

現在，世界的非共化潮流進展得異常迅速，而中共之「大倒退」又異常劇烈；於是，世界的新遠景雖在呈現，但中國的逆流卻澎湃奔騰。中國人便發覺自己這個民族似乎處於最不幸的地位了。

當然，中國人不等於中共，也不限於中國大陸上的十億人。海外本有華人社羣，臺灣更有中國人的政治實體。然而，若是今後十年中，我們只看見少數的在中國大陸以外的華人在參與世界的新局，而最多數的中國人，卻在逆流中，成爲反民主化的政治勢力的工具，則這個民族的命運或遭遇仍是非常可悲。

因此，我近來常常強調：中共所倡導的「統一運動」雖然全無客觀基礎，但長期地看，我們仍當注目於整個民族前途。今日中國大陸在中共統治下成爲逆流的資產，是我們必須克服的問題。不論時機與方式如何，中國人必須消解這個逆流，使整個民族面對世界的新遠景前進。

香港有了「九七」問題，目前處境愈來愈困難。臺灣則充滿變型期的困擾。在意識、制度及風氣方面，均是問題重重。但今日中國人這個大社羣，不能依靠外力去尋找前途；中國的生機還是寄於大陸外的中國人身上。且看中國人的智慧能否在這個劇變的世界中重新發光罷。

東歐轉型期的危機

蘇聯出現了戈巴契夫的「新思維」，終於引起東歐共產主義國家的急變；蘇聯內部的民族問題與聯邦中的團結問題也都乘勢湧現。最近，世界都在注視戈巴契夫如何克服他所面臨的困難，而仍能保持其政治方向。對於東歐新近解放共產主義桎梧的各國所面臨的困難，大家似乎反而不特別重視，持一種朦朧的樂觀態度。

這種趨勢其實是很危險的。目前「馬列主義的解咒運動」，在觀念層面上已經相當成熟，但在制度層面上則剛剛開始，隨時有停滯或倒退的可能。這裏的演變關鍵，主要在於那些脫離共產主義統治的國家能够轉入一個新階段，建立合理有效的新秩序，使人民在非共的解咒運動下，看見具體生機及希望，能安心前進。

舉個實例來說，波蘭是第一個改變共黨統治的東歐國家，但目前卻正處在嚴重危機階段。波共不像羅馬尼亞共黨那樣完全失勢，黨有很大的影響；而波蘭經濟從高度中央統制的制度轉向自由市場經濟，照例發生轉型期的巨大難題；卽是：供應缺乏，物價急漲。這一點在團結工聯方面，原早已料到。華勒沙卽屢次在國際會談的場合中提出要求，希望西方國家援助。但至目前爲止，還未看見美國及西歐國家作出甚麼有力的支援。

一個國家由共產主義的中央統制經濟轉向自由市場經濟，這於十多年前原是未有過的事；中共改革經濟之後，這種問題纔開始爲人注意。現在東歐國家又正面臨這種轉型期問題。而世界各方面人士對於如何應付這種問題，都可說是經驗不足，因此有甚麼方案可以提出，尚頗成疑問。然而，這裏的問題並非太難了解，處理這種問題的原則性主張也不難形成。只要看清楚問題，則應可求原則上「對症下藥」，至於具體措施自然隨個別情況而不同，所涉枝節便極端複雜。

共產主義的經濟，以生產力衰退、效率低落、利潤不能回歸等等爲特徵。理由其實頗爲明顯。所謂公共產權或國家所有權的制度，一方面切斷了社會活力與生產間的關係，另一面必然地實現爲幹部掌握所有權的情況，一定造成特權集團。其次，中央計畫(central planning)扼死了一切經濟活動的靈活性，又使社會日趨被動化。生產之萎縮、效率之減退，都是當然後果，至於國家擁有產權又須指導經濟活動，而產生官僚機構的膨脹、惡性的浪費等等，尚是另一層面的問題。

共產國家彼此間情況自有不同。現在就最根本處着眼，則其類似性也很明白。這種類似性便是共產主義制度的內在困難。而也正是這種內在困難，在三彎九轉的歷史道路上，終於引生共產國家普遍的「改革」。「改革」要徹底，則卽須衝破這種制度了。

但當這種制度被衝破時，其所生出的種種病患卻不容易清除；尤其說到正常的社會活力與社會規範之恢復，更是艱難萬狀。以東歐國家而論，波蘭通過最溫和的手段，使共黨放棄專政；但要克服經濟難關，卻必作長期的努力。九〇年剛開始的短短時間中，已有一千多家波蘭人將自用車執照自動交還政府，說因爲他們已負擔不起價格急漲的汽油。卽此一端可見波蘭經濟形勢之嚴重。羅馬尼亞更是連食糧都發生供應困難。羣眾是否能很清醒地與非共政府共同努力渡過難關，便是東歐的安危關鍵。

這種危機是由制度轉變而來的。其形成則與原先共產主義經濟所遺留的病患不可分；因之，這種轉型期的困難可說是不可避免的。能克服則有新的前途，不能克服則或如中共終於倒退，或引生意外變化，造成混亂局面。那都是人類的不幸了。

戈巴契夫的成敗固然影響世界全局，東歐國家能否渡過轉型期的危機，更是解咒運動能否順利完成的關鍵。對前一問題，外人很難著力；對後一問題，則歐美及亞洲經濟富裕的國家都應該奉獻出力量來。

在X與Z以外

四十年前，美國《外交季刊》上出現了署名「X」的長文；文中論斷遏止蘇聯擴張主義之必要性與合理性，決定了其後美蘇冷戰的大形勢——當然由於美國政府接受了X論文的觀點，作爲外交策略的指導原則。最近《美國藝術與科學學院院刊》上又出現了一篇署名「Z」的長文。這篇文章對共產主義制度下的「改革」或「開放」的成功限度有很嚴格的判斷，因之，對美國目前支持戈巴契夫而希望他成功的朦朧觀念，也有嚴厲批評。但作者並不悲觀；他和多數人一樣，相信共產主義制度已到萎謝階段，不過他主張代表西方文明的國家應該另循有效途徑發揮積極影響力去改變蘇聯及共產世界，不應幻想共產主義制度能够達成經濟發展及政治民主，而又保持原則不變。換言之，共產制度下的開放改革，或者失敗，或者引向共產制度的解體，而不可能生出一種民主自由的共產制度；因此，專就戈巴契夫而言，美國不能希望他這種改革如願地成功，而只能順著這種迫使蘇聯尋求改革的客觀形勢推進蘇聯共產制度的解體。至於具體建議，則在「Z論文」中以「多元化」觀念爲主。這裏姑不詳談。

「Z論文」出於何人手筆，現在尚不知道，但就內容講，確是巨眼宏識，一掃庸俗之見。要作評析，須待專文。我現在要談的卻是另一問題。

「X論文」與「Z論文」代表兩個不同的歷史階段；前者作於共產主義運動迅速擴張的時代，後者則作於共產主義運動進入解咒階段的今天。不過，二者有明顯的共同點，即是都只將注意力集中在共產主義運動這個對象上，只通過它來看世界問題。本來這也是不足爲奇的。二次大戰後，共產主義運動實在是世界的最大威脅。尤其在這種制度處處實驗失敗，而又仍是一股強大勢力的時候，甚至本屬共產主義信徒的人們，在理想破滅後，也覺得人類世界的最大問題便是如何克服共產主義運動的危機。

然而問題眞正如此簡單嗎？

我不想去談玄遠的理論可能性問題，只就當前實際世界形勢看，威脅人類自由民主理想的勢力，斷不只是共產主義或馬列主義。

讓我們也從戈巴契夫談起。戈巴契夫的「新思維」確是爲緩和本身的制度危機而提起，而這種「開放」及「重建」（也就是一種「改革」）的政策一經付諸實行，確也如Z文作者所說，反而催進制度危機。目前戈巴契夫面對的眞正難題是：他的政策已提供機會，使蘇聯內部的「加盟共和國」開始要求獨立；這使他將受到黨內保守派的猛烈攻擊。戈巴契夫不惜用大軍佔領亞塞拜然，卽因他不能接受這種「獨立」的要求。否則，他必被指爲造成蘇聯解體，而自己站不住。這無疑是一個影響世界的大危機，雖然舉世目光皆注於此，不過，這個危機仍屬共產主義運動的一部分，可算是「舊危機」的新表現而已。我要提出的卻是在這種局勢中透露出的「新危機」。不知道是否人人都注意到，亞塞拜然的獨立運動已開始與狂熱的「伊斯蘭運動」連結。而這個運動以什葉派爲主持者。什葉派與一般伊斯蘭教徒不同；他們崇尚暴力，具狂熱侵略性，尤其反現代文明。在這些方面，他們的「伊斯蘭運動」都與馬列主義運動非常相似；而更相似的一點，是二者都以爲自己代表唯一的眞理和價值，要改造世界、要人類全接受它的教條。這種種屬於什葉派伊斯蘭教徒的特色，在何梅尼統治伊朗的實際情況中已表露無遺。而大家不可忘記的是：何梅尼的目標正是要推行世界性的「伊斯蘭運動」，要摧毀現代文明。

當然，伊朗目前實力尚不足以威脅世界；但問題是人類在歷史中所作的選擇是否會給這種災難性的運動一種發展的機會。我們記得，一次大戰後十餘年中，馬列主義運動的勢力主要被封在蘇聯境內。但當法西斯主義運動在德義兩國得勢而威脅世界時，二次大戰來臨。東方的日本與德義結合，形成軸心國勢力。於是，世界的注意力都集中在如何戰勝法西斯主義這個目標上，反爲馬列主義運動提供發展機會。此中最明顯的重要事實是：雅爾達協定使蘇聯席捲東歐，而中共利用抗日機會長大，終於統治了中國大陸。

馬列主義運動之興起及發展，在理論上自可說出許多因素或條件；但在實際歷史中，這個運動之能擴張到威脅世界的地步，正由於二次大戰中世界只顧法西斯主義的威脅，提供了共產黨發展的機會。這段歷史顯示出：人類爲消弭某一危機，可能卽助長了另一危機。如今歷史性的錯誤是否又會重複出現呢？

倘若依「Z」文作者的觀點，西方國家的「積極」性工作應是促進蘇聯共產制度的解體，不知道對亞塞拜然走向「伊斯蘭運動」這種趨勢取什麼態度。若反對它獨立，則似是幫助蘇聯維持現狀，不符合推進蘇聯變化的要求；若爲了加強蘇聯共產主義制度解體的趨勢，而間接地或直接地支持什葉派的「伊斯蘭運動」，則便是在與第一個敵人作戰時去培養第二個敵人，恰巧重複二次大戰時的敗著了。會不會眞正如此呢？

我提這個問題，與「Z」文原著無關，更與四十年前的「X」文無關。不過我由看「Z」文而興感，便以「在X與Z以外」爲題。肯南（化名「X」）已老，而猶健在；Z文作者料係當代名流；不知道他們怎樣解答我的問題。

果然「在XZ之外」

今年新年後不久，我曾在看了以「Z」署名的美國政論後，而寫了〈在X與Z之外〉那篇論文。「X」是當年蘇聯事務專家肯南的化名。那篇X論文影響了美國多年的外交政策。而最近出現的「Z論文」也是論蘇聯問題的，大有與「X論文」競名之意。「Z」是誰的筆名，至今尚未揭明，只有種種揣測而已。但「Z論文」的內容，似乎已成爲脫離政治現實的浮論，因爲它發表後，蘇聯形勢的演變已經明顯地與它的判斷迥異。它的影響力不能與「X論文」等量齊觀，已經可以斷定了。

這一點，我在讀Z文時原已有點覺察到；雖然當時有人議論Z文是否會又引出美國下一階段的外交政策，我卻覺得全文論點都建築在「蘇聯政治方向根本不能變」這個假定上，而這一論斷正與戈巴契夫的作法不能相合。因此，我不很重視Z文的建議。而那篇短文談的是「XZ之外」的問題。我覺得X文與Z文都只強調共產主義運動的威脅和危險性，但忽視了目前實際醞釀的另一危機。那就是「伊斯蘭運動」。我在短文中曾指出伊斯蘭的教義，教徒的狂熱態度與政教合一的傳統等等；它可說是具備了共產主義運動的一切令人憂慮的特性。而且這運動還在野心家運用下步步展開，如被忽視，極可能造成人類另一場災難。

那篇短文在二月十日《中時晚報》上發表，由於我正是那一天由港來臺，在機場看見當日的晚報，所以記得很清楚。當時中東伊斯蘭國家尚未有特別引人注意的行動：大家的注意力都集中在歐洲。臺灣友人則只注意本地的政爭和選舉問題；或許看了我那篇短文，反覺得我有點危言聳聽，故作誇張。不料最近伊拉克侵佔科威特，造成世界性的戰爭危機，又破壞了相對穩定的能源供求關係。舉世惶惶不安，主要因素果然「在XZ之外」。

這幾天的形勢，表面上仍不明朗。但就大的趨向來看，則至少有幾點已經可以確定。第一：伊斯蘭的反西方心態已經表露甚明。目前雖然伊拉克的哈珊成為許多伊斯蘭國家疑懼的對象，因而不夠資格成為伊斯蘭世界的領袖，但他這次的悖謬行動居然能有羣眾支持，卽表明伊斯蘭勢力與西方勢力衝突之嚴重。這裏所藏的問題，不論哈珊成敗如何，都不會自動消失。第二：就眼前戰爭危機來說，伊拉克方面自然並非願意早日決戰，但哈珊現在也已有騎虎難下之勢。封鎖如切實執行，伊拉克將面臨崩潰危機，恐怕也只有硬拚一下或根本退讓兩條路，拖延絕不能久。而哈珊若不受到內部勢力反抗，應不會輕易退讓到美國可以接受的程度。那麼，最大可能仍是有一場戰爭。美國目前雖本是希望嚇退這個中東狂人，但若伊拉克想突破封鎖，或攻擊以色列來攪亂問題，美國都難避免軍事行動。第三：就後果而言，戰爭的直接破壞將視時間長短而定，但間接影響則最爲可憂。不僅是大家常說到的石油問題必將惡化，而且伊斯蘭世界與西方的衝突，將會由此進入一個新的嚴重階段。「屠殺」、「血債」之類的字眼，將在未來的伊斯蘭及西方的宣傳中頻頻出現。史學家又將多一個歎息「歷史的不幸」的機會了。

現代文化發展到強調「非理性」甚至懷疑「理性」本身的階段，便是有了眞正的內在危機。近三十年的思潮處處有這種傾向。而迷信自己代表唯一的眞理這種心態，偏偏又時時冒現。當這種心態與現實政治勢力合爲一體的時候，便使人類面臨自由與奴役的選擇。雖然七、八十年來的共產主義運動並未能眞正成功，但已使億萬人被奴役，因之，它被看成威脅自由世界存在的惡勢力。如今，伊斯蘭世界又在醞釀一個類似的威脅自由世界的運動。人類的災難似乎一波接一波而來。而西方的文化衰弱症又正在加重。有意維護自由理想的人，只怕不能完全寄希望於西方的領導。由西方生出的現代文化衰弱症，不是必須由西方人自己治療。凡關心自由文化的人都可以作一番努力。自由文化的活力如能轉強，則卽不怕有威脅自由的勢力存在。

民主的「正數」或「負數」？

——看年來評斷「六四」的正反論調

去年此時北京發生震動世界的屠殺事件；當時我和其他在香港的華人一樣對著電視的螢光幕，聽每一句報導。許多過度樂觀的人，此時充滿破滅感。我則別有一種心情。我原在學運發生以前，便預料中共改革運動將受大挫折，所以看見中共的大倒退在坦克聲中到來，就覺得預期的壞事果然實現了；我既未存希望，便無破滅感，而只有面對歷史悲劇的凜然驚歎之意。

對於「六四」的情緒反應，大家大致上並無不同。但對於「六四」的評斷，則有種種差異。如今事隔整整一年，若清理一下有關「六四」的各種論調，或許會有頗多啟發性的收穫。

最顯著的兩種相反意見，是對於「六四」學運和由此引申的社會性的民主運動，對於中國的整個改革運動的功能及實際影響的正反論調。

儘管學運及民運在中國大陸上曾獲得廣泛同情與支持，而且大多數人都承認這個運動代表的可敬可愛的奮鬥精神，但衡定這個運動在中國現代史中的實際作用，卻涉及另外一串問題。評論者從不同理論層面着眼，卽會有不同的判斷，而這些判斷又都可以有不同程度的眞實性。如果只看見一個層面，而忽視其他層面，則便是過度簡化問題，脫離歷史的實際。倘再進一步，取一種道德或價值判斷爲基準，來肯定自己所選取的層面，而將其他層面不同的意見及理論，一律當作譴責的對象，則更是將自身絕對化而陷入封閉心態了。

不幸的是：一年來我發現許多屬於這一類的論調。例如對「六四」學運及民運，作最正面的評價的人們，只讚頌運動所代表的理想光輝，似乎完全不見有值得深加檢討之處。他們只覺得這個運動代表中國歷史的新階段。另一面，偏重檢討運動得失的人中，有一部分則持反面論調。他們注目於眼前的實際後果；他們反詰前一類評論者說：儘管運動是以推進改革爲口號，想要促使中國大陸走向民主自由，但實際上造成什麼後果呢？不是使十年來的中共改革運動停擺嗎？不是弄得「精英盡喪」，只看見黨棍陪伴著一批老獨裁者耀武揚威嗎？這樣的局面，若非由這個運動逼出來，本來不至於如此徹底地呈現的。於是，他們進一步的結論，便是將這次的運動，看成「誤了大事」的鹵莽行爲，而認爲它的作用是負面地改變中國歷史；換言之，就是它造成中國改革運動的大挫折，使中國人不得不重新等待扭轉形勢的新機會，一切改革因此拖遲若干年。

這兩種論調都不是完全無理，但令人不安的是：他們都不肯平心去看對方言論的客觀根據。其中比較情緒化的論者，則互相嘲駡。持正面意見的人，指摘反面意見是「誣衊」了中國學運及民運；持反面意見的人，則說正面意見是幼稚的空談，表示鄙視。

這兩種相反論調，可算是極端的實例，二者之間自尙有種種程度不同的歧異意見。於是，所謂「六四」，雖然成了中國人（甚至某些外國人）共同承認的重大紀念日，但畢竟這個運動應如何了解，卻是頭緒紛亂，全無定評。

其實一個運動的意義或歷史功能，不宜籠統地判定。論者應分別從不同角度觀察，然後統合各層面的了解以形成一個判斷，方能較符實況。以去年中國大陸的民運而論，若從策略角度看，則過程中含有許多失誤，可謂完全無周密計畫，而結果亦確是使那個原已陷入種種困難的中共改革運動提前失敗。這裏主要的關鍵在於學運及民運均係逐步演變而成，故發展方面不能控制。一方面從事運動的人強調「和平」，並無革命的願望、亦無革命的實力；另一方面卻由於人心思變，紛紛響應支援，甚至許多政府人員也參與天安門廣場的抗議，於是造成一種「革命前夕」的氣氛。這使得那些斷不肯放棄「專政」的中共當權人物，覺得被迫要作最後選擇。楊尙昆曾經說：再退一步，便死無葬身之地云云，足見這些人心意中的危機感如何嚴重。當然，這並不與客觀事實相符，學生不過要求撤消那一篇社論而已。然而，以中共當局的一貫態度而論，他們對這種情況必不能容忍，必將反擊，卻是事前可以大致料到的（是否用坦克則是另一問題）。學運的主持者既不能控制局面，也不能尋求緩和之道，終致演成悲劇，不能說不是失敗。

但若將視域放大，不限於策略層面，也不拘於直接後果，則至少除了表現反惡勢力的精神外，尚有兩點有確定意義的正面影響：

第一，中共一面堅持專政制度，不肯改革，另一方面又要改革經濟，原是一條難通之路。趙紫陽卸任「總理」時，情況已萬分困難，保守派一直將這些困難歸罪於經濟改革。「六四」後，改革派全部下臺。李鵬來執行保守派的路線，結果是病益深而不知希望何在。這使中國需要改革的客觀根據，從事實中再度得到彰顯。保守派在過去一年，雖奪盡一切權力，但並不能解決客觀問題，反而使問題眞相益明。這是「六四」的流血犧牲換來的成果。倘若不有「六四」的爆裂，兩派繼續相持，局面不生不死，則改革的客觀需要還不如今天這樣清楚。對未來講，這一點影響至爲重要。

第二，若在空間方面放大範圍來看，則中國大陸的民運雖在國內失敗，卻在世界各地展開。流亡人士將中國民運的呼聲帶到歐洲和北美：他們表面上似乎做不出什麼事，但他們的存在卻使世界必須面對「中國需要大改革」的事實。「六四」屠殺雖能壓制甚至消滅大陸上已有的改革勢力，但卻不能阻止中共統治在世界人士眼中形象的急遽惡化。而且配合上蘇聯及東歐的體制變化，中共很快地成爲社會主義國家中的頑固勢力或落後分子。這一點，就世界共產主義運動來說，是驚破迷夢的關鍵之一。中共通過「六四」，自己揭露了共產主義的「革命專政」的醜惡面，大大促進了人們對馬列主義的虛幻崇拜的破滅。

這兩點都是「六四」事件的正面意義：只要我們在時間和空間方面放大視域，便不難看到這些意義。它們不是能被策略層面的失誤或缺陷所掩蓋的。此外有些推測成分甚高的想法，如說東歐共黨之崩潰與「六四」有關之類，我願暫作保留，因爲此中不能判定的因素尙多。

總之，「六四」的屠殺，表面上擊敗了改革運動，使中共保守派掌握全權，而改革派精英盡喪；但從大範圍著眼，則保守派當權正好再進一步證實他們的路線不可通，而加強對未來改革的信心及認識，而且在世界輿論中，「六四」改變了中共的形象，又加速共產主義幻夢的破滅。「六四」的犧牲不全無收穫，不過收穫不在眼前而已。

最後，關於從策略層面着眼而批評去年民運有害無益的論調，我還有幾句話說。

這種論調本流行在大陸南部知識分子中間。大陸南方的粵閩浙各省，在經濟發展方面原已有初步成果。當局人士和一般知識分子，大致上都反對造成衝突及決裂的行動。他們只想謀求進步，讓時間去淘汰那些頑固領袖。因之，對「六四」事件最感到沮喪，對造成這樣的局面的學運或民運分子也頗有反感，認爲他們「成事不足，敗事有餘」。他們這種心情也不難了解。但他們的看法，卻正如俗諺所說「只知其一，不知其二」；對現實局勢講，他們並非無的放矢，對民運講，則並非公平判斷。不過，倘若取從事長期民運的立場，眞正希望能改造中國，則對於這些批評不應敵視。這種意見或論調，儘管有欠公平，有欠深刻，卻可以提醒民運人士從這次經驗中吸取教訓，改善未來的策略。許多事物，善用之則有益，不善用則有損。我們對於批評「六四」的正反論調也應作如是觀。眞正重要的是整個運動的前途。一切意氣之爭，門戶之限，早早拋開，方是明智的態度。

從亞運看臺灣心態

在北京舉行的亞運，已經結束。對於臺灣這次有關亞運的種種表現，我本來有些話早就想說，但覺得在亞運進行時說出來或許有點「殺風景」的味道，因之等到亞運結束再說，就算作一種檢討性質的意見。

亞運的舉行，在中共方面，態度及企圖都很明顯。首先我們要記得，在「六四」之後，杯葛亞運一度是部分海外華人的主張。理由是：中共之不惜鋪張，在北京舉行亞運，主要是借此挽回國際形象方面的損失；而以中共經濟之困窘，籌措這一筆巨款，必又是通過公債之類的手法強行搜括，給本已生活艱難的大陸民眾增加壓力。而另一面，就十億民眾來說，亞運無論辦得是否「成功」，對於他們都並無任何好處。因此，參加或支持北京的亞運，事實上只是為殘暴保守的統治勢力塗脂抹粉，不但無「光榮」可言，而且有「助紂為虐」的嫌疑。

尤其對臺灣而言，參加亞運只會造成一種「來朝」的印象，貶低自己的地位，而增強對中共政權的認同或妥協。海外研究中共問題的專家——如《九十年代》的李怡，便曾經在香港撰文表示，他並不希望亞運「成功」，因爲那對中國民衆或中國改革運動並無好處；另外也有人指出臺灣參加亞運不可能有正面收穫。這些文字曾引起香港親共和半官方報紙的抨擊，但在明眼人看來，那些中共啦啦隊的陳腔濫調，不過更暴露他們心虛而已。

然而我從香港到臺灣來，所見的社會反應卻完全與海外的輿論不合。臺灣人一般的論調，似乎都反而與中共官方論調相像；一味在爲北京亞運捧場。每看電視上有關亞運的報導，使你懷疑這是不是在反共的中華民國製作的節目。而除了少數有遠見的知識分子外，多數人似乎在不知不覺中通過這一類宣傳而加強了對中共的某種好感。中共這次最大的宣傳收穫，竟然在臺灣

當然，減輕兩岸的敵意，在原則上是對的。但這並不是說要臺灣單方面去取悅中共。臺灣要在中共改變制度之前維持自主意識，方不致被動地被中共「統」掉，方能有希望等到中國大陸放棄專政制度後的某種「統一」局面。現在的趨勢則是在無實力「統一」大陸的情況下，宣傳向大陸回歸；是不是表現臺灣人已經準備接受專政制度的統治呢？我想，如果我們公開詢問臺灣朝野人士，他們對這個問題大概都會給一個否定的答覆。可是，如果不打算接

受中共統治，則不能不保持抗拒這種統治的最起碼的意識。而看亞運以來臺灣各方面的表現，卻顯不出一點抗拒意識，反而只看見討好的笑容與捧場的論調。

從這裏透露出一種令人嘆息的心態。這種心態並不僅僅表現在對亞運的態度上，而實是表現在一切對中共及共產主義專政運動的態度上。具體地說，有兩點特徵。第一、不重視客觀事理的是非，自作聰明；以爲自己所作的一切都是「妙計」，都能符合某種策略性的目的；因之，反而嘲笑或者輕視面對事理是非的議論。最明顯的實例是：臺灣對「六四」事件的反應，尤其是對「民主女神號」所持的態度。臺灣心態既有不重視原則或大是非的特徵，則上面所說的亞運期間一切可笑的表現，不過是順流而下的現象而已。第二、在不顧是非之外，臺灣心態事實上又是不能眞正認清客觀形勢，因而也不能掌握眞正的利害關鍵的。通常不顧是非的時候，人卽會只注意利害；臺灣心態卻又不是如此。例如：我們很清楚地看見，近來臺灣當局的作爲及一般社會傾向，似乎只知道不可得罪中共，而不知道一味遷就中共會帶來多大的禍害。臺灣的「大陸熱」籠罩下，商人們只知道跑到大陸去投資，可以得些小利；但對於臺灣經濟前途則反而非常冷漠；似乎不明白眞正的大利害何在。至於用「體育與政治分開」這種空話來自欺欺人的論調，則更是顯出既不明是非又不知利害了。臺灣這心態如果繼續發展下去，誰敢說它不會有可怕的後果？

香港難題不可逃避

——面對九七不應存幻想

凡是多少了解香港與中國大陸一般情況的人，都知道所謂「九七大限」是香港人的難題。但自中英談判香港主權移轉問題，中共當局提出「一國兩制」的構想，並且大加宣傳之後，自八四年到今年，五年中卻有許多人對中港關係表示奇異的樂觀；甚至認爲「九七」不成爲香港的難題。這些樂觀人士中，侵略性格較強的，則更進一步指摘強調香港難題的人，似乎認爲難題並不存在，只是某些人故意在誇張問題的嚴重性；於是在他們的言論中，凡對「一國兩制」之說有所批評或懷疑，以及憂慮九七後香港前途的人，好像是犯了很大的錯誤，甚至是「別有用心」，破壞香港局面。

其實問題是客觀上存在的，人縱然故意躲避，也並不能使客觀問題自動消失。香港前途之所以成爲一個難題，理由很明顯。

第一、所謂「一國兩制」，只是共產主義的專政政府所制訂的政策；它可以對香港有約束力，但並不能約束中共。中共政策時時可以有一百八十度的轉變，則「一國兩制」這個政策自必隨中共的大政治方針而變化。這是無可奈何的事。

第二、就事實情況說，中共卽使是在今年「六・四」以前，表示重視「改革開放」的幾年中，也從未放鬆過對香港加強控制的計畫。而就中共本身的政治方向說，更從未確定採取民主化的路向。香港要維持原有的自由與法治的制度，分明遲早必與中共的基本政治路線衝突，這也是一種已成的形勢，一向看不出有改變的跡象。而在今年中共當局鎭壓大陸民運，並且在改革方面大倒退之後，任何人大概都不能再說這種衝突不是客觀難題了。

第三、就實力說，中共經濟落後、政治腐化，固然充滿了衰亡的病癥，但在壓迫香港方面，仍是實力足够的。有些香港人士曾有過分的自信，以爲可以與大陸人民配合，形成對中共的壓力，進而改變中共，這是完全脫離實際的幻想。事實上，了解共產主義制度的人都應該知道，在共產黨統治下，社會力量極難形成。要使共產國家走向「非共化」，必須憑藉許多歷史機緣，再經長期累積運用，方有希望。中國大陸在文革十年之後，社會力量微弱已極，只藉鄧小平推行經濟改革的機會，人民乘機作很有限的活動，遠遠未能達抗拒中共統治的程度，香港本身更談不上形成對中共的壓力。這一點在中共當局故意擺笑臉的時候，或許有人看不清楚；但至少在面對「六・四」大鎭壓後中共近來的種種作爲時，這種幻想不能不破滅了。事實上，中共一採取強硬態度，香港便沒有有效的抗拒方法——因爲缺乏抗拒的實力。香港人如何能希望掌握自己的命運？

這幾點本來是很容易了解的事，其所以會被樂觀人士忽視，基本上大概與一種自慰的心理要求有關。人類的遭遇本來有時會是非常不幸的，換言之，就是會面臨無法克服的難題。承認這種難題的存在，自然令人沮喪、令人痛苦，但逃避實際問題卻更是危險，反不如冷靜地面對實際，尚可以在難題壓力之下善求自處之道。

今年的大陸學運，本來不難結束；但後來發展成廣大的爭民主的羣眾運動，自有許多因素在發生作用。關於這次事件「前因」的詳細析述，預料將是幾年或幾十年後，治現代中國歷史的學人們的論題；目前大概無人能說清楚。不過它的「後果」卻很明白，卽是——中共的十年改革成果毀於一旦，使中國的前景更加朦朧難辨。鄧小平近來力支衰病之軀，不斷找機會說些事後彌縫的話，但不論口頭上說什麼，所謂「改革運動」，其名或存，其實已亡。對於香港而言，更是形勢急遽惡化。

當香港人熱烈支援大陸民運及學運，滿街充滿「打倒李鵬」的呼聲時，我和大家同樣地感動。尤其就近景看，我很清楚地自覺到我在目擊香港社會的大變化；但這個變化涵有什麼後果，卻使我疑慮不安。我曾經在閒談中向一位朋友說，我們看見香港人在遊行，在高叫

「打倒李鵬」；但李鵬倒不倒，不會由此決定。倘若李鵬不倒，則他代表的勢力便與香港人從此成爲仇敵；預料他們必會採取某些行動來壓制香港。其次，香港人既然熱烈支持民運，則日後在一場大逮捕下，必有許多人逃到香港尋求庇護，那將是香港政府的棘手問題。中共極可能在這種問題上採取強硬態度，不知道有何方法應付。

現在，這兩個問題實際上都已經出現。中共當權人士不斷地公開強調不許香港成爲「反革命基地」云云，自然表示他們認爲香港已有變成這種基地的趨勢。他們對香港人表面的友好關係已受到徹底破壞，今後可能愈來愈不假裝和善。而香港政府對民運分子的處理，也是進退維谷。從一方面看，港府顯然不曾盡力幫助這些懷抱善良理想的逃亡者，令人不滿。但從另一方面看，中共尚覺得港府包庇了他們要逮捕的「罪犯」，是有意和中共作對。這些民運人士的不幸遭遇，固然使人歎息，而香港的困境則更令人憂慮。在八四年「中英協議」簽訂以前，我和幾位朋友組成「香港前景研究社」，提出暫緩交還香港的主張，許多人都不明白我們的原則所在。我們當時便判斷「九七」將成爲一個無法克服的難題，因此姑盡人事。現在困境已成，除了面對現實外，其他擬議都已太晚了。

判斷、希望與理想

近來談具體問題的文字寫得太多，現在想換換口味，談點理論性的問題。當然我並不會在這裏講什麼玄遠的理論，只是對近來政治方面爭論紛紛的論調，作一點反省性的批評。

我想從澄清三個觀念下手。它們順次是——判斷、希望與理想。

一切政治評論，核心是作政治判斷。通常從事理論研究的人，習慣上將陳述或描述語句看作客觀的，而認爲判斷有主觀成分；但在政治評論的範圍中講，則情況不同。政治評論不能純作陳述；所有陳述事實的部分，都只是用來支持判斷。判斷依事實與理據而建立，在政治評論中是最具客觀性的部分。這裏最明顯的判別標準是——政治判斷必是可辯說的；在涉及政治判斷的對話中，彼此對所涉及的事實與理據都可以一條條地分別辯論。

說到希望則不同。儘管通常對政治的某種演變或前景表示某種希望的人，也要陳述事實和顧及客觀理據，但基本上是宣說一種主觀的意願。意願可以是荒謬的，或者合理的；因此似乎也有某種理據可說。

但這與判斷所依的理據，在意義層面上大不相同。判斷的理據涉及事象實現的可能性；如果判斷所依的事實無誤，則理據愈強，所判斷的事象實際發生的可能性卽愈大。希望或意願的理據，則只涉及本身的合理性。而完全合理的希望卻不一定會實現。雖然我們常常覺得希望不可能的事是荒謬的，但這不表示不荒謬的希望便會實現。舉例說，一個人希望每天有意外之財，我們當然說他這種希望荒謬或不合理；另一個人希望他的財產不被掠，這該是並不荒謬的希望；然而事實上是否有人會奪去他的財產，卻完全不受他的希望的合理性的影響。

作政治評論的時候，對於這點區別不應忽視。無論自己懷有什麼希望（自然指對政治局勢的希望而言），作政治判斷需要高度的冷靜與客觀態度。若是根據希望去作判斷，則結果陷入幻覺的網羅，必致誤人誤己。但希望雖然以主觀意願爲中心，因之與實現問題有根本距離，但仍然受現實條件的限制。我們聽別人談希望的時候，還是不難評定這種希望實現的可能性（當然不是就希望本身來評定）。若是談理想，則情況又完全不同。

縮小到政治範圍來說，一個談政治理想的人，可以完全忽視現實世界是什麼樣子，因爲談理想可以根本全部推翻現實。由於這個基本態度，依據現實限制來與談政治理想的人辯論，是難望有結果的。關於理想的辯論，只能訴諸某種價值標準，但那就根本是另一類語言。就政治評論而言，使用這種語言便最容易墮入教條宣傳一類，失去評論功能。當然，一個作政治評論的人，儘可宣說他的政治理想，不過這一部分常是無法與別人討論的。

我上面談這三個概念，是由於最近觀察香港言論界對香港前途及港人外遷等等問題的各種論調，有所感觸。香港自從所謂「九七問題」明朗呈現以來，一向有一種言論趨勢，便是將對香港未來的希望，與對香港前景的判斷混爲一談。這種概念的混淆，便生出許多顯屬虛幻的構想。虛幻每每比眞實更使人感到滿足。

然而虛幻構想雖能使人不看現實，卻並不能眞正改變現實；於是一旦現實壓力進迫，人從虛幻滿足中驚醒，便突然變得六神無主。其實現實並非眞正忽然變壞，只是原先未能作準確的政治判斷，又從希望中引出一些不符合實際的錯誤判斷，以致於看不清楚現實而已。如果只是個人犯了這種錯誤，則問題尚不嚴重。但若是社會中很多人都自覺或不自覺地將判斷建立在希望上面，則這種社會幻覺的破滅，即必造成社會的不安。

具體地說，香港倘若眞能「高度自治」，中國倘又能徹底改革，自然最好。這都是希望，而且也是合理的希望。但這些希望在當前現實環境中能否實現以及在什麼條件下方能實現等等，則是客觀問題。面對這些問題，我們便需要建立政治判斷，而不是訴於希望。在歷史上許多關鍵時刻，客觀形勢常與人們的希望背道而馳；若是人不能放下希望去進行客觀認識，則即不能建立針對現實的準確政治判斷。我自然不否認人可以依據自己的希望去另創造新條件以改變現實，但那與「誤認現實與希望相合」不是一事，而且要針對現實去創造新條件，也得先將現實環境認識清楚，否則無從用力。

即以香港人近來最關心的「基本法」問題而論，我個人一向不重視這個問題，原因是，在我所作的政治判斷下，我斷定中共政權性質如不改變，則中共當局根本不會眞正尊重法律。換言之，對於一個屬於「革命專政」模式的政黨來說，永遠是「黨大於法」；中共一向認爲法律是支持專政的工具。

法治思想或三權分立中的司法獨立制度，根本與這個模式的政權無干。我們可以希望中共改變它的政治原則，但能否改變卻是客觀問題。看馬列主義的基本思想以及這個運動的實際史料，看中共的權力結構及意識形態，看中共四十年統治的實況，我們只能得到這樣一個判斷，即是——中共不會讓黨服從法律。然則，怎能單獨尊重「香港基本法」？

中共制訂法律只爲了黨的統治的利益；六四以後，將香港看成「反革命基地」而要加強控制，又是一個事實。我們怎能期望它配合我們的希望呢？

魔化與異質性

——臺灣的政治與社會

建立共識的種種問題

記得在一九八八年七、八月間，香港《九十年代》月刊來訪問我：記者問到我對臺灣及大陸局勢的看法，特別要我說出我認爲兩岸的主要難題何在。當時，我的答覆是，大陸難題基本上在於政策的多重取向；臺灣的眞問題則是缺乏所謂「共識」；不僅執政黨和反對黨內部均缺乏「共識」，而且社會上也缺乏「共識」。在這次訪問後，我又曾去過臺灣，參加不同的會議和討論會，我這個觀察又得到許多進一步的印證。

不過，我發現臺灣雖然處處看見缺乏「共識」的問題，臺灣人士或海外親臺人士，卻很喜歡用「共識」這個字眼。從一方面看，或許可以說，這表示他們和我所見相似，也強調「共識」的重要，但從另一方面看，則我總覺得，臺灣人士談「共識」者雖多，對「共識」本身卻似乎並無明確了解。其實，一談「共識」，便有幾個值得注意的問題，如果對這些問題不弄清楚，則徒說「共識」便無大意義。

第一，我們要注意的是，「共識」須預認多元的意見存在，換言之，在意見不同的人們中間方有「共識」的需要。因此，在政治性或宗教性的思想統制下，談「共識」便是多餘的事。

第二，既然「共識」須在意見不同的人們間建立，方有意義，則其建立便必得有超乎這些歧異的基礎。不然，既是本來幾方面意見不同，如何會生出「共識」呢？這裏的問題說破了其實很簡單：一言以蔽之，「共識」之建立必恃客觀了解并以客觀事實爲基礎（這裏所謂「客觀」，自然是取相對的意義，隨問題所涉的意義領域而定。這種理論問題現在暫不多說）。這是因爲，要使意見不同的人能在某問題上達成「共識」，便必須訴於客觀根據。舉例說，美國與蘇聯，第三世界與先進國家都是意見極爲歧異的；但若就地球生態危機來說，只要確定了某些客觀事實及其影響的存在，則各方面便自然會達成在這個問題上的「共識」，即是，大家都會承認這種危機必須防止。

第三，不像上面兩點那樣明顯易解的，是建立「共識」的過程問題。這裏又涉及「自然」與「自覺」的區分，得先說清楚。有些「共識」是經「自然發展的過程」而長成的，例如某個社會中的共同風習的認定，或某種文化傳統下人們的共同態度之類。這種「共識」雖然可能正與通常對「共識」的想法相近，但卻與「建立共識」無關。要去建立某種「共識」，則需要有自覺的努力。與自然形成的「共識」相比，它牽涉的問題較爲複雜。首先，如前面已說過的，建立「共識」不是強迫別人接受某種權威意見，而是要憑客觀根據說服持不同意見的人接受某些觀點，或引使持不同意見的人達成共同了解，因此，這裏要有一個培養過程，眞正的「共識」之建立，不是咄嗟可辦，倘使某方面的人士，爲了想速成，便勉強將自己的意見加到別人頭上，這樣，縱使暫時可以形成一種「共識」的虛象，卻不能發揮眞正「共識」的功能。

人之所以要建立「共識」，是爲了要使意見歧異的各方面人士，都能對某些重大問題有共同了解，取共同態度。倘使勉強形成一種「假共識」，則事實上卻不能達成這個目的，這就是有虛象而無功能了。

其次，再進一步說，自覺地去建立「共識」，嚴格地講，永遠是一個不能完全地完成的過程，這因爲，人們所面臨的重大問題本身總是不斷展現的。在某一時間段落中，我們只能針對某些已顯現明白的重大問題去建立「共識」，而無法預控問題本身的演變，或預測未來將顯現的新問題。因之，我們如談到建立「共識」，又必須將這種努力看成步步前進的歷程，不能要求完美或終結；否則，便與實際歷史的動性相違，而成爲脫離眞實的幻想。

以上只是環繞「共識」這個觀念，談一些應該注意的基本問題。現在回到臺灣的現實形勢上看，則缺乏「共識」確是明顯的病態。舉一件小事說，民進黨的創黨人之一費希平，原本決定自動辭去民意代表的職務，以促成所謂「國會改選」，我在聽到這個消息後，很快就寫了一篇短文，表示贊許之意，不料我那篇短文發表時，局勢忽然大變。費希平在宣布辭「立委」時，同時提出了所謂民意代表退職的三項條件，而這些條件在民進黨內竟引起極大爭執，結果不能接受費氏的主張。費氏一怒之下，不辭「立委」，反而宣布退出民進黨。這樣，本來值得稱許的一件美事，突然變成一個政治笑話。對民進黨講，自然是政治形象方面的一大損失，對於「國會改選」這個運動講，也是奇異的風波。而這件事對臺灣反對黨內部缺乏「共識」，可謂透露得淋漓盡致。另一方面，就執政的國民黨說，例如是否准許公職人員與一般平民同樣地進入中國大陸這種問題，便在內部造成不能妥協的兩派爭論。蔣經國在逝世前作了准許兩岸交流的決定，但蔣氏這個政治強人在作決定時，顯然並未達成內部的「共識」。當然，純就政黨內部看，或許缺乏「共識」這種現象並非最嚴重的問題，黨內的爭持，結果總會有獲勝的一面；那時，這種問題便顯現不出來。政治風氣的轉變也可以漸漸導致建立內部「共識」。眞正的嚴重問題，是社會缺乏必要的「共識」。簡單說，臺灣居民對「民主化」及「開放政策」的態度，就有驚人的差異。而培養社會的「共識」，更是一項艱鉅的工作，在這裏不能再談下去了。

臺灣需要有社會的反省

中國大陸近年來的文人們，喜歡用「反思」一詞，而不用「反省」一詞；海外學術界人士頗有贊成用「反思」來代替「反省」，理由是「反省」必涉及「過失」的假定，「反思」則不必預設這種假定，似乎「反思」比「反省」更有涵蓋性。可是，我現在所要談的，確定是「反省」的問題，而並非中立意義的「反思」，因爲我所涉及的正是所謂社會危機的問題。作爲一種應糾正的病態現象看，「危機」與「過失」便可說是意義類似。

個人行爲可以有過失，社會趨勢則可以有危機；二者都是病態現象。糾正病態通常有依靠自力或他力兩種方式。中國傳統思想，特別是儒家思想，一向強調自力；因此便強調「反省」的重要。這個主張背後自有一套理論，現在不必談。我現在特別要說的是：社會危機的糾正（或消解）也在理論上有依自力或依他力兩種可能，而目前臺灣社會則必須依靠自力來應付危機問題。

這可以分兩步說明。

第一：社會病態問題，有時確可以依靠他力來解決；那就是當社會受一個絕對權力支配的時候。往昔中國君主制度下，君權足以支配社會；現代史上的「革命專政」國家，則由那個革命黨及其領袖掌握絕對權力，自然也足以支配社會。不過，這種他力對社會趨勢的影響既是外加的，便每每只有表面效果。社會趨勢的形成，總有一組組的客觀因素在發生作用；以他力強制，雖可收一時之效，並不能眞正解決問題，而且每每使問題變得更複雜、更曲折、而更難解決。此所以中國傳統中講治平之道的儒家，對於糾正社會病態的問題，照例宣說「移風易俗」；換言之，卽是希望通過教化來使人民自己改進社會實況。這在理論上原與儒家重視自力的立場一脈相通；不過，就制度方面說，則由一個在社會之上的權力，來推動人民作某些努力，總仍是依靠他力。說到這裏，可以很明白地看出來，倘若並無一個凌駕社會之上的絕對權力，則社會病態的糾正，就必須依靠自力。換句話說，社會病態要這個社會中的人羣自己努力去糾正，否則不可能有解決問題之道。

第二：臺灣近年社會主要的變化，在於資本經濟的發展與政治民主化運動的崛起。經濟方面暫且不在這裏多說，就政治民主化而論，民主化本身卽排斥絕對權力。民主政治思想中，基本上是認爲政府管得愈少愈好。因此，面對著社會病態問題的時候，我們很自然地得到一個論點，即是：臺灣社會目前的種種病態，必須由公衆自己作糾正的努力；只能依靠自力，不能依靠他力。

以上所說的本是極淺明的道理，但我所以會提出來談，卻由於我近來觀察的結果，使我覺得臺灣羣衆並不很明白這點道理。民主化縮減了政府權力，但羣衆似乎只以爲多了事事向政府抗議的權利和方便。一切社會病態，不論形成過程如何，今天病態已成，最重要人作正面努力去糾正；至於追究病態形成過程中誰應負多少責任，則是另一種問題，不能以互相歸咎來代替正面解決問題的努力。用一個譬喻說，一個人被車撞傷時，最重要的事是如何治傷；懲罰肇事司機雖是題中應有之義，卻不能代替治傷。倘若傷者垂危，而大家還只在爭論司機的懲罰問題，則傷者可能性命難保。臺灣社會危機，大家都在談。但社會如不能自己反省，自己糾正病態，則危機只會日益惡化。至於政府，作爲社會的一部份，自然也應當反省；不過，這不是說：臺灣社會要依靠政府來解決社會危機問題。反之，希望應當擺在自己身上。

要正視選擧以外的問題

如果我用英文來標題，我會直接用："Look beyond the election"；意思就很明白。現在用中文，反而得解釋幾句。

我首先要聲明，我和很多人一樣，都明白今年十二月的選舉，是臺灣政治上的大事，絕無故意忽視的理由。尤其這次選舉是臺灣解除戒嚴後的第一次。政黨正式依法競爭，可說大家都面臨一種考驗，則不論執政黨或反對黨，全神貫注在選舉活動上，也是理所當然，勢所必然。不過，我現在要強調的卻是在另一個層面上的論點，卽是，客觀難題並不會因人們的注意力轉移而消失。對這種有關全局的難題，人們應該以超乎黨派，超乎選舉成敗的態度來面對、來作種種努力。

這一類全局性的難題，本身是客觀大環境的產物；尋求解答的途徑，常常牽涉某些共同性的原則，並不因個別政黨的特性而異。多年來，評論美國大選的人常說，美國的兩黨對一些大問題每每並無不同的方案。其實，對每一個國家來講，都有這一面相的政治情況。政黨在競選中的成敗，雖然決定政黨的興衰進退，也影響某些層面的重要政策，但有些全局性的、長期性的大問題，則不論誰當選都得去面對它們；而且可能的解決之道，或應有的努力方向，對於不同政黨來說，也無大差別。

以臺灣現況而論，臺灣經濟今後的發展路向如何，便屬於這種全局性、長期性的大問題。近一、二十年來，臺灣經濟頗有成就，這是臺灣人士津津樂道的。然而，所謂「出口導向」的經濟，在過去所憑藉的發展條件，今日似已漸漸失效。而世界經濟環境也在呈現新的變化。累積外匯雖然可算成功，但運用資金卻似乎缺乏全盤計畫。尤其當歐洲共同市場日益強化，有形成西歐北美兩大集團對抗的趨勢；亞洲國家如何造成一種合作力量，已是很迫切的實際問題。臺灣在這種大形勢下，更需要有全盤的設計，新的具體步驟來應付新的世界經濟環境。在對內方面，金融制度如何改進，工業的競爭能力如何培養，又處處須作縝密計畫。凡此種種，都是長期的工作。而儘管國民黨與民進黨各有政黨立場；而且兩黨內部又有種種派別分立，對於這種大問題來講，應做或必須做的努力，基本上並無不同。而這種努力的成敗得失，卻影響整個臺灣前途。對這種興衰關鍵而言，一地一人的選舉得失便顯得不那樣重要了。

我不知道目前執政黨方面是否在探究新的經濟發展路向，是否已在擬定全面性的計畫或方案，民進黨方面是否也從事這種正面的努力，則我更無所知。但大家如果以爲一切要等選舉後再說，則雖是「常情」，卻大大悖理。迫切的大問題需要早定計畫去應付，而不論選舉結果如何，這種努力做一分便使臺灣前途多一分光明。共同問題的解決，卽增進共同利益。競選中雖不能強調「共同」，但共同問題卻不會因人不去面對而自動消失。我們要記清楚的是：選舉後人民仍要生活、社會仍要發展；不可以看不見選舉以外的嚴重問題。

臺灣選舉的「表」與「裏」

通常如果說某個人「表裏不一」，便有貶損的意涵，但當我們觀察一個運動的時候，「表層」所見與「裏層」所藏，卻常常不能相同。這因爲社會運動或政治運動這種現象，本身卽是一種動程，而不是靜止的對象。一個運動所以達成的表現，卽構成它的表層；但在這種表層下面，必定儲藏著某些尚未表現出來的潛勢。而後者與前者每每特性大不相同。因此，我們觀察一個運動，當時覺得表面令人振奮、讚美，而裏層卻藏有所謂「隱憂」；有時雖覺得表面上令人失望，但深察裏層時，卻又會發現潛藏的希望種子。

臺灣今年的選舉，在我看來，是臺灣民主化運動的一部分，因之，它應具有上述的運動通性。我近來的觀察也恰好是發現了表層與裏層的歧異。

就表層的觀察說，我實在未發現目前的臺灣選舉有什麼令人振奮之處。我只看見派系爭權位，全無原則性的立場，羣眾則是一心求利益，對是非問題既無關切之意；對較大的成敗問題也從未正視過。有一位本地名人，曾對我說：「臺灣競選通常只有兩個方法可以得到選票；其一靠駡人，其二則靠花錢。」他的說法與我的觀察不完全相合，因爲，事實上我看到的情況是：至少在今年的選舉中，駡人的吸引力已經不很大。以駡爲主的政見會，並不見羣眾熱烈參加；另一面，影響選舉結果的主要因素，也不止駡人與花錢；此外尚有派系把持、私人恩怨影響等等因素，在某些地區正發揮重大影響。不過，大致地說，他對表層現象這種負面評論，與我的感受仍相差不遠。

但儘管表層現象使我覺得今年臺灣選舉並無甚麼「新氣象」，不似海外人士所期許的那樣「有重大意義」，並且有些地方反令人沮喪，我們若將整個選舉活動看作一個大的演戲過程中的一段落，則仍然可以發覺某些跡象，標示著某種可以寄予希望的潛勢。換句話說，已經實現的東西雖然實在欠佳，可是，還有較好的東西可能逐步實現。

具體地說，目前「買票」之風雖然甚盛，但一般社會反應已經對這種作風表現出排拒態度，並不因此風已久而視爲當然。甚至兩黨的參選人士，也有明白以「不買票」的口號向對手挑戰的。這表示未來極可能看見「買票風」的減弱。其次，目前我所接觸過的參選人士及其助手們，雖然大半都不多談理想與政見，而只談派系與恩怨，但也有少數人對大問題有所了解。例如，我曾對一位在南部競選縣長的人士談到臺灣民主運動整體發展或成長的重要性，他便表示完全了解我的意思，並且說，今年正式有兩黨合法競爭的選舉，在他看來，是民主政治的實習；最重要的是大家來學習民主政治的「遊戲規則」，而不是某人當選或落選。無論他這些話是否出自本心，他能領會到這一層面的道理，便表示表面的爭權現象以外，仍有漸趨進步的政治意識在開展。他是身在利害圈中的人，尚能有這種想法，則廣大的羣眾中，這種意識應更易於喚醒。而當大眾意識轉向「民主心態」的建立時，臺灣便可於民主化運動中獲得眞正成果了。

表層的惡劣現象，我們固然不可忽略；裏層隱藏的希望種子，我們也不可抹煞；二者兼顧，方能有較爲客觀而準確的判斷。

談臺灣反對黨人士的心態

前幾天我在臺灣《中時晚報》發表了一篇短文，談到目前臺灣所謂「新國家運動」。對於這個運動的主幹人物如何測算他們的訴求的後果，我頗感不解。由此，我也覺得這些人士的心態特別值得研究。最近，我親自觀察臺灣的競選運動的實況，從北部到南部，看了幾個「政見會」，也與好幾位競選人會談過。對於目前從事臺灣「民主化運動」的人士的心態，又多了一點認識。

如果就外在表現看，臺灣南部反對黨的競選手法，與北部（至少臺北市與臺北縣）的手法頗爲不同。南部競選者的言論大半落於較具體的問題上，很少有人談政治上的大路向問題。北部則常談「獨立問題」、「國會改選問題」及「總統民選問題」等等。此中理由基本上在於選民趨向不同。

北部知識分子影響力較大，選民容易被對這一類大問題的議論所影響。南部則鄉土氣息較重，選民最關心的總是地方性的實際問題，因而對涉及政治路向的訴求，每每反應冷淡。競選人於是也就隨選民興趣而轉移其言論方向了。

今年臺灣選舉，另有一個特別給觀察者強烈印象的情況，是聽「政見會」的人遠較上屆爲少。南部的「政見會」中，每每只有二、三百人，北部一般地說，較南部稍多；但眞正稱得上「盛會」的似乎只有臺北縣尤清主辦的那一場。尤清的「政見會」在三重市一家小學中舉行，我與一位記者入場時，尤清本人尚未到；聽眾卻擁擠非常。記者告訴我人數在兩萬以上。會場中許多小販在乘機做生意，令人有雜亂之感。但人數之多，確是事實。此外尚未見有這種場面。

聽眾所以寥寥無幾，主要原因是從前「政見會」是僅有的可以任意抨擊政府和罵人的地方，現在則言論漸已開放，不必到「政見會」中去求發洩。

這裏也同時透露出一個訊息，卽是今後競選者要爭取選票，大約不能再靠激烈言論與罵人了。這可以說有關於選民心態的演變。選民從前以被壓制者的心態爲主，現在則開始轉爲爭取實利的心態。發洩情緒已不是選民的主要需求。

然則，競選者所代表的反對黨心態又如何呢？

反對黨或在野黨，目前不止一個；至少工黨便另有競選人。但卽專就民進黨而言，黨內便至少有「美麗島派」、「新潮流派」和獨立人士三支勢力。這三種人士的心態彼此間差異甚大，但又並非完全對應於他們的政治主張；我們不能說有「美麗島派的心態」或「新潮流派的心態」。至於獨立人士方面，大致上有個人作風及主張的，更不能用一個籠統詞語來描述；自然無所謂「獨立人士的心態」可說。

一般地說，今日反對黨是由從前所謂「黨外勢力」發展而成：黨外人士原有共同的抗拒心態。這種歷史影響至今尚在。因此，我們如果要找反對黨的共同心態，則只有「抗拒性」這一點可說。但形勢發展到今日，除了這一點共同之外，反對黨人士的心態歧異多端。

舉例說，今日民進黨中主張臺灣獨立與只談改革而不談獨立的人士中，都有些人特別具有重視血緣的封建社會心態。高雄余家的代表人余陳月瑛，是不強調臺灣獨立或所謂「新國家」的觀念的，她便處處表現出承繼她的家族立場及「光榮歷史」的味道。

余家或余派的老首領余登發之死，現在經解剖後由專家檢查判斷，已知是跌倒致死；但我這次會見余陳月瑛，便聽見她幾次強調她的「公公」的「下場」，要暗示她是承「烈士」之遺志的後代人物。

另一方面，屬於明顯的「臺獨運動」的葉菊蘭，在她的「政見會」中，講詞有一半在談她的亡夫鄭南榕；她提到臺灣獨立的政治主張時，只明白強調她要承亡夫遺志，而不作正面論證。

聽她的演講，使人誤會她是在悼念鄭南榕（她說了許多充滿感傷情調的私人性的話，如她不曾爲鄭南榕用心燒過幾次飯，自己覺得慚愧之類），而不感到她是在競選。這種封建意味奇重的意識，與民主化運動甚至革命性的獨立運動扯在一起，可算是臺灣政治上的奇異現象。

當然另有些人的心態頗爲現代化，甚至有「後現代」的傾向。例如林正杰便是主張走「綠黨」路線的獨立人士。他的「政見會」採取答問的形式，讓聽眾直接對他提問題，他當場答覆。單就這個形式看，已可見他喜歡創新的心態了。我聽他答問題時，覺得他思想清楚，態度也平和正大，和其他反對黨人士大大不同。

最富火藥味的講詞，自然屬於「新潮流派」或「新國家聯線」。他們似乎顯得出一種革命心態；只可惜他們並未對他們的「革命理想」作什麼詳細解說。在一次講演中，我只聽到講者譏評國民黨領導人物反臺獨的言論，在許多字眼上巧辯；可是我從他們的講詞中，不能發現臺灣獨立運動究竟要達成什麼遠大理想；或者有什麼現實需要。

作爲民進黨主流的「美麗島派」，在張俊宏發表了〈到執政之路〉後，算是有了他們的正式理論和明確政治路線，但支持或跟隨這個路線的民進黨人，在心態方面卻頗不一致。有人似乎接近民主社會心態，另有人則偏重保守心態。其間毫釐之差，卻涵有很不同的政治態度。不過，在反暴力這一點上，黃張一派可說態度明朗。這一點也很重要，因爲民進黨中確有懷暴力心態的人，而且最近選舉中已經出現幾次暴力事件了。不論國民黨或民進黨，如果不能遏止這種趨勢，則是臺灣民主運動最大的隱憂。

臺灣選舉的品質問題

臺灣今年的選舉，由於是第一次正式由各政黨提名競選，成爲海內外矚目的重大事件。最近已看見許多報導和評論。其中有些說法使人大感詫異。舉例說，十二月五日《信報》有一篇評論文字，便說國民黨在此次選舉中「大勝」云云。事實上，選舉的次日，我與沈君山先生參加「遠見雜誌社」的座談會時，已知道國民黨當局承認這次選舉的「失敗」。各報評論也都順著這個角度提出種種意見，但決無人認爲國民黨選舉勝利的，更不用說「大勝」了。

怎麼說是「勝利」呢？縣市長的競選，竟讓民進黨奪取了六名；使民進黨的地方首長由「一」突增爲「六」，恰恰符合張俊宏所標揭「以地方包圍中央」的策略目標。至於立法委員方面，民進黨的代表已經增至二十一人，超過提案所需的必要人數。這兩點已經使國民黨當局大感不安，急謀應付之道，以致有用「國大」來平衡立法院影響力的奇怪建議。不料尙有人說「國民黨大勝」。當然，選舉的結果，國民黨仍佔多數，但就形勢的變化看，民進黨勢力已大大增強，不僅是奪取了臺北縣長，使國民黨面目無光而已。

不知道《信報》這位作者是否身在外地，總之，國民黨「大勝」的說法，在臺灣決不可能出現。臺灣人對這次選舉的結果，不可能有太多不同的看法，因事實已很明顯。眞正可爭的是臺灣選舉的品質問題。這關乎整個選風以及選舉的功能，卽涉及臺灣政治遠景的明晦。

選舉品質問題與選舉作務問題不同。就作務而言，我曾在開票日親自參觀開票、計票的各種程序，覺得在選舉作務方面，臺灣已算是做得相當公開而嚴密，很難有漏洞可尋。因此，當臺南縣民進黨競選失敗，便發動羣眾鬧事時，我便大有反感；因民進黨所指摘的「不公正」，旣無證據，也不符合客觀情況，失敗而不認輸，只顯得這些人不尊重遊戲規則而已。

但選務方面辦得不錯是一事，選舉品質如何是另一事。選舉影響未來大政策的方向，不是表面上做得漂亮便够。以這次選舉而言，可舉出以下幾個特徵：

第一，在這次競選過程中，我們發現有許多因素都在發揮影響力，然而政見卻似乎不被人重視。再看選舉結果，政見之不具決定力量，似乎更明顯。簡言之，派系問題，羣眾情緒問題，甚至私人恩怨問題，都對選舉結果有重大影響。選民並不是根據政見的選擇而投票。

第二，這次執政黨與反對黨競爭頗爲激烈。在某些所謂「主要戰場」上，兩黨都是用了全力去爭。然而，奇怪的是，至少執政黨方面似乎並不重視競選人本身的條件；在激烈競爭中，執政黨常常將希望寄託在所謂「組織」的運用上，而並非寄希望於競選人對選民的號召力或吸引力。最明顯的實例是臺北縣長的選舉，民進黨方面以尤清爲候選人，倒是選了一個硬手來承當大任。國民黨方面卻用不很爲人熟知的政治生手李錫錕。這位李先生，我根本未會過面；對他個人，我決無什麼輕視之意。但事實是，這位李先生是中央研究院三民主義研究所的一位研究員；換言之，屬於學人身分，很明顯地，與草根階層毫無關係。另一方面，他在臺灣學術界又似乎並非人望所歸。競選時期，臺北便有許多位學術界人士簽名公開支持民進黨的尤清，而不見有誰公開支持這位李先生。他學問如何，我全無所知，但我曾作一種隨機抽樣式的探問，結果經過二十幾次詢問，竟無一人知道李錫錕是怎樣的人，羣眾對這個人名完全生疏。至於他的同事，自然知道他是怎樣的人，但我所接觸到的兩三位，卻又都對他缺乏好評。總而言之，他究竟何以成爲國民黨全力支持，來與尤清競選的人物，實在看不出道理。這足以表明，卽使在臺北縣長這種重要選舉中，國民黨也不重視競選人的條件。

第三，就民進黨而言，這種選舉結果佔了意外優勢，固然可解釋爲一種進步；但臺南縣選舉失敗，便鼓動羣眾大鬧，要強迫當局宣布政敵當選無效，則表現出「輸不起」的惡劣作風。如果大家都這樣做，選舉豈非意義全失。

從以上三點看，不重視政見，也不重視人才，又可以完全不守選舉規則，那麼，這種選舉的品質，便很難令人讚賞了。選舉出來的代表或行政首長，是要決定未來的政策的人士；現在，既不重視政見，則選民並不眞知道所選出的人贊成什麼、反對什麼。政黨決定候選人，卻不重視人才，而只依賴所謂組織；則事實上即是認爲不論選出什麼樣的人皆無所謂。這樣，如何使民眾能相信選舉會有助於政治的革新或進步？最後，競選的政黨又可以不需要確定證據而拒絕接受於己不利的選舉結果，則選舉制度尙有何尊嚴可說？

本來臺灣能舉行政黨自由競爭的選舉，本身是中國政治史上一件大事。但選舉的品質卻是實際問題。若是今後選舉品質不能提高，仍是不重政見、不重人才又不守規則，結果選舉出來的人士將不一定會做出什麼事來。很可能他們照樣進行官商勾結，以民眾爲俎上肉，那就表示，選舉結果只產生另一批享受特權的人，對民眾利益及社會發展會無正面作用。我希望臺灣的選舉不致於陷入這種可悲的境地。

再論臺灣政局

筆者在以前的文章中談及臺灣兩黨皆有歷史負擔，又皆缺乏共識；除此以外，若就較具體的層面看，則臺灣政局尚有許多可注意的具體問題。

第一是總統選舉問題。

在國民黨方面，他們的傳統是照例由黨領袖出任總統，所謂「競選」，則是虛文。從前的政治強人時代是如此，現在李登輝雖非強人，卻仍會順著這個傳統由國民黨主席身分競選總統（自然由黨提名）。不過，這次卻有些次級問題，目前尚未能解決。其中最重要的是副總統問題與國大老代表的要脅問題。

李登輝是第一個以臺灣人出任總統的。由於他本人是由副總統繼任，所以這兩年副總統就成爲虛懸。現在要考慮李出任下屆總統，副總統人選便成爲必須注意的問題了。

副總統平時未必掌很大事權，但依憲法卻可能自動成爲繼任總統，因此，這個職位若擇人失當，便可以弄得後患無窮。自蔣經國逝世，李登輝以臺灣人繼任總統，正面的影響是沖淡了部分臺灣人的「被統治」的感覺；但另一方面，某些黨內人士卻又憂慮今後外省人地位陡降。

為了使外省人安心，以外省籍的副總統來搭配李登輝這個臺籍總統，似乎是最妥當的辦法（這自然是在李登輝繼續任下屆總統的假定下構想）。然而誰是適當人選，卻又頗成問題。此中爭議性最大的是老國大代表支持蔣緯國的活動。

這些所謂「資深代表」（民進黨朱高正稱之為「老賊」），為了威脅李登輝，最近有種種舉動；除了在法制方面，宣稱要擴大國代大會的權力，實施「複決權」外，對總統選舉方面，則極力利用蔣緯國這張牌。他們中間甚至有表示支持蔣緯國作下屆總統；不過，那種論調無人應和。在推選副總統方面，據說在某次民意調查中，支持蔣緯國作副總統的票數高踞第二位。這就顯得非比尋常了。

蔣緯國之不宜於出任副總統，不僅是才能問題，而是涉及臺灣政治大方向的問題。近年臺灣政治以脫離強人領導及家族特權而走向民主化為主要特色，不論成績多少、進步遲速，方向總算已經確定；而且這正是使臺灣獲得正面形象的主要條件。

現在如果突然讓蔣緯國接近最高領導權（副總統有合法繼任總統的可能），則分明會給人政治倒退的印象，對臺灣形象大爲不利。

但這一點在道理上雖很清楚，卻並非是臺灣朝野已有的共同了解，相反地，就國民黨而言，思想落伍而不了解最近開放政策的歷史意義的人，仍然覺得擁護蔣家的人甚爲自然。就民間而言，羣眾對政治現代化的認識尚未培養；他們通常只注意自己的直接利益；有時會抗拒政府，有時又會覺得政治開放造成許多對私人不利的情況（例如常常遊行便使計程車司機難做生意），反而不如舊時方便。這些人也可能認爲蔣緯國登臺會使局面「安定」。於是，這件萬不可行的事，竟然有老代表正式提出，而又未被民意測驗否定。

第二是黨內的人事安排問題。

當選舉後第二天，我和一位曾經「入閣」的朋友談選舉後的形勢；他便指出，這次國民黨選舉失意，結果必引起一番「改組」。關中強調運用組織而輕視競選人的個人號召力問題，結果失去了臺北縣，自然不能再主持組織工作；此外，許多人也將在選舉後去職。這是很自然的事。但問題在於是否有新人才可用。我這位朋友交遊廣闊，對新進人才也特別留意。我當時便問他對新人才的看法，他的答覆頗爲悲觀。簡單說，就是新人才至今尚不能形成左右大局的力量。主要權力都握在舊人手中。

這或許與李登輝個人的想法或作風無大關係，而只是一種客觀形勢。但李登輝由於選舉方面受了挫折，又確實亟欲進行黨內的改進工作。無新人才可用，又怎樣能改進內部？這便是另一個難題了。

第三是民進黨方面的內部問題。民進黨分為兩派，世人皆已熟知。現在這種分裂愈加嚴重，屢屢表現為眞正的黨內鬪爭。例如朱高正雖是民進黨的大將，卻因為反對臺獨運動，被新潮流派排擠，甚至被雲林地方黨部開除黨籍。後來民進黨中央又不批准，於是朱高正的黨籍問題變為中央與地方的衝突。目前朱高正以個人身分競選而高票當選後，他似已作某些布置，運用他在雲林的人望，來爭奪地方黨部的領導權，這又是另一種鬪爭。

政黨內部若僅有政見不同的問題，或許不算嚴重危機；但新潮流派「革命」氣息甚濃，動輒不惜運用暴力。

從前農會事件，以及最近臺南選舉後的事件，都是這一派人士的傑作。萬一內部鬪爭也運用暴力手段，則情況便不堪設想。黃信介、張俊宏等民進黨領導人對這種形勢似乎也並無良策。但這問題愈釀愈大，卻是客觀事實。

總而言之，臺灣政治走向現代化，在準備工作上非常不足。目前方向已定，但處處不能配合。國民黨內部方面，只看國大老代表的胡鬧，便可知問題的嚴重；恰恰又遇上總統選舉在即，問題便更顯得棘手了。至於民進黨方面，選舉的小勝，同時帶來兩派互不相下的困局。這種內部衝突問題也看不出消解之道。兩黨都正面臨嚴重考驗，旁觀者只好期待新的發展而已。

臺灣政局風波迭起

李登輝繼蔣經國而統掌臺灣黨政大權之初，許多人都爲他躭心，知道他這個領導地位殊欠堅穩。後來，看他居然順利接棒而未出問題，又有許多人大表驚訝，認爲他可能具有從未表露的才能。

其實李氏固非完全無腕力的庸才，但他的初步順利則與許多外在因素有關；而他地位之欠穩，識度經驗之不足，也是事實。這一點，看最近臺灣政壇上幾件事，便顯得非常清楚。

第一件大事是推選國民黨籍的總統及副總統候選人時，「臨時中全會」中的爭辯場面。本來，國民黨既要走向民主化，會議中有一番爭辯，也算是正常現象。然而，這次爭論的氣氛卻使人感到國民黨內許多隱藏問題正在表面化。其中最重要的一個，即是李登輝誤解自己的角色。

所謂推選方式之爭——即「起立」或「投票」兩種方式的選擇問題，原不應是那樣嚴重的爭執點；其所以弄得當場亂成一片，事後流言四起，分明是由於黨務主持人要貫徹李登輝的想法，而他本人則是反對投票方式的推選。但這種主張客觀上實在拿不出什麼理據，因此一有異議出現，黨務主持人便無法說服對方，只好用大帽子壓人，說出什麼「破壞團結」或「陰謀」等等奇怪話。這就使會場氣氛愈來愈壞；林洋港與李煥的表態，打破了兩年來的表面和諧，黨務主持人以辭職威脅中委會，更暴露中央領導力之虛弱。雖然最後勉強通過「起立」方式，推選了李登輝與李元簇兩個候選人，對國民黨形象之損害，已難彌補。

倘若李登輝不堅持「起立」，不反對「投票」，這場風波根本不會發生。而李氏所以要反對「投票」，除了爲強迫全會接受李元簇這個副總統候選人外，別無理由。本來，那種「全體起立」，「一致鼓掌」的推選方式，只是爲了表現革命專政下對「領袖」的「熱誠擁護」，與民主化原則恰恰相反。

李登輝本人原應明白他自己根本不是強人型的領袖，也不能勉強要成爲那種領袖；他只能順著這個民主憲政方向扮演國家元首的角色。這一點在客觀上是非常明確的事實。原先以爲李登輝不會不了解自己的角色，現在看來，他竟然不了解。他無理由爲李元簇作出這種嚴重的錯誤舉動。他所以有這種舉動，正表明他不明白反對「投票」與他自己的角色衝突。但他主觀上的認識錯誤，並不能改變客觀形勢；他勉強中全會以推選蔣氏父子的方式來推選他，並不能促使他自己變爲一個政治強人。相反地，他這邊的黨內提名剛剛勉強辦完了，另一面抗拒他的「老國大反撲活動」也表面化起來。「擁蔣派」公開表示支持蔣緯國，而國大的「全聯會」又通過修正緊急條例的草案，要大大地鬪一番；這又是臺灣政治的第二件大事了。

這場風波醞釀已久。主要原因在於那些國大代表貪得無厭，不顧大局，一味爭權奪利。當然，這個風波的發生，並非由於李登輝做錯什麼事，但它卻顯示出李氏的領導地位甚爲不穩。

李登輝本不曾掌有過組織權力，在國民黨內亦未形成一個集團；尤其對那些終身在任的國大老代表來說，他們背後的政治關係，或屬於當年「三民主義忠實同志會」——即所謂二陳的「CC派」，或屬於「青年團派」，或屬於軍方的「黃埔系」，基本上皆是國民黨的舊勢力；與李登輝這種「臺籍精英分子」的人物，可謂全無淵源。這些垂死的老人，多年享盡特權，早已爲社會詬病；但他們只生活在自己的小天地中，原不是有多少政治野心的人，對世界的情況或趨勢，也不甚了了，本來未必會成爲政治風波的主角。

然而，自從黨外勢力演變成正式的反對黨，而國民黨又轉向「政治現代化」，臺灣政治大環境便突然變得對這些老國大代表特別不利。「改組國會」不僅成爲民進黨進行政治鬪爭的主要訴求，而且成爲社會的普遍要求。「逼退」之呼聲日高，而國民黨當政者面對客觀壓力，也無法勉強阻止這種趨勢。

李登輝繼任以來，一面培養自己的勢力，一面消解軍方的可能抗拒力，另一面又想在對外關係及政策上有所表現，已經弄得非常吃力，至於國大老代表方面，他仍是全無影響力。而老代表們在飽受民進黨及國民黨新興勢力的「逼退」壓力後，已逐漸形成一種反撲的要求；現在總統選舉正是這些國大代表採取行動的機會。

他們既形成一個特殊利益集團，與國民黨中央政策已脫節。他們目前只是以洩忿及爭權爲動機，而推進他們的「擁蔣運動」，全不以臺灣大局及客觀趨勢爲意。甚至，被擁護的蔣緯國，本人是否適合充任副總統，也不是他們眞正注意的問題，事實上，在蔣經國執政的時期，蔣緯國從不會受到這些老代表的支持。如今不過爲了抗拒李登輝，顯示自己的政治實力，他們方用上蔣緯國這個棋子而已。

蔣緯國未必能出任副總統候選人，於是老代表們不惜表示可能支持林洋港這個「臺籍精英分子」。這是最近的情況。畢竟李登輝能否消解這一個古怪運動，不久即可揭曉。

就這些老代表說，他們的確犯了逆反歷史的大忌，原不會有什麼眞的前途。但如我去年在縱橫談中所預估，他們的反撲還是出現了。加上擴大國大權力的要求，他們這一套動作，已成爲嚴重政治風波。其影響卻不只是李登輝的計畫受阻而已。

協調與改革

——再論臺灣政局

「八老」的協調，在蔣孝武這「一少」的呼應下，突然迅速奏效。林洋港及蔣緯國宣布退出「候選」。「二李」的政治危機似乎表面上已平息。但從這一件政治事件中，對臺灣政治問題所透露的信息，卻大可玩味。

首先，「八老一少」分工合作，或以溫和姿態從事協調，或取嚴厲態度進行抨擊，結果說服了林洋港，逼退了蔣緯國；這明顯地標示臺灣政局，到今天仍然以「人」的因素爲決定力。大家面臨難題的時候，不會考慮如何解決客觀問題，而只考慮如何運用「人事」關係，改變某些「人」對問題的態度。至於如此運用一待收效後，是否將客觀問題擺在那裏不加處理，似乎各方要人反而不認爲是重要的事。然而，難題的產生來自客觀的根源。捨本逐末的應付方式，雖能救急，卻不能眞正改變客觀情況。客觀上的體制問題、政治路向的問題，以及社會風氣問題，都是非個人性的；這一層面上所釀成的難局，若任其存在，聽其演變，則日後出什麼後果，殊難逆料。

其次，倘專將「人」的因素講；也有客觀意願與主觀認識的分別。舉例說，李登輝本來以結束強人時代的人物姿態登臺，但他誤解了自己的角色，而要去做「政治強人」；於是他信任只講權術的助手，又利用情報機關進行控制，弄出一套錯誤的作法，方便黨內的異見者形成「反李」的力量：這是客觀眞象。然而，在這一羣人——以李登輝自己爲首——自己看來，卻認爲只是別人在爭權力；好像從國民黨臨時特中全會上對推選正副總統候選人的方式之爭，到出現「林蔣搭擋」的競選運動，全是由於有黨內集團在爭權，在進行「分裂活動」；而看不見己方應負的責任。

此所以有人先公然在他們的臨時中全會上指摘有人「破壞團結」，再在會後勸李登輝採用強硬手段，對付一切異見者。這些作法近幾星期來，已被人普遍看成可笑的故事。但應注意的是——這裏確隱藏一個認識與眞象脫離的問題。他們自身確只有如此的認識，則其衍生的行爲自然一脈相承。認識未得糾正之前，他們卽不能面對眞象。又如蔣緯國處於蔣氏家族統治者地位後退的客觀形勢下，自己不看清楚臺灣社會的方向，也不審度客觀上臺灣可能的遠景何在，卻只想利用那些反改革的「老代表」，來進行一場「蔣家復辟」的運動；這自然是個人判斷的大錯誤。但其所以會有如此錯誤的判斷，則仍然由於他不能面對客觀眞象。

他不了解「老代表」們在觀念上是要走一條不通之路，卽反體制改革的保守路線，在利害考慮上是要擺弄他和林洋港去威脅李登輝一派，以便爭取更大的權力，更多的利益。他似乎以爲這些「老代表」眞是擁護他個人，而忘記許多年來，他在父兄掌握統治權的時候，一直是閒官冷宦，無人對他特別表示支持或推重。他看不明白這次所謂「擁蔣」運動的客觀眞象，以完全脫離實際的錯誤認識爲根據，焉得不錯誤重重？

若就細節說，則蔣緯國之不顧事實情況，任意亂說的實例更多。卽如，他在美國公開表示他不在「經國家人」之列，因此不受蔣經國當日諾言的拘束，顯然不明白此舉會使屬於蔣經國的人馬對他敵意大增。果然，蔣孝武專程回臺，公開招待記者，對他這個叔父痛加譴責，弄得「復辟運動」無法進行。只就這一點看，便可知蔣緯國這個公子哥兒型的人物，根本不懂政治的實際問題。

以上只是就個人說。當然，臺灣目前的眞問題，仍在於制度層面。由於國民黨本是一個「革命專政」的集團，當年立憲時卽成立「臨時條款」，使憲法掛空，因之專政的實質一直未變。否則，也不會出現父子相承的局面。「萬年國會」之類的笑話，也是這種表面行憲，實際專政的體制下方能產生的怪現象。蔣經國晚年突然採取開放政策，但對體制的改革完全未能開始。他逝世後，由強人自己領導改革的形勢已經不再存在，而體制病擺在那裏，大家都束手無策。

由社會力量推動改革或民主化，雖是理論上的正路，然而事實上，臺灣的社會力量完全在被誤導的狀態中。反對黨全無建設性的意念，他們除了抗爭以外，所會做的事還是抗爭。一味抗爭，使民眾也開始失望。而社會力量在反對黨之外，又尚未形成有力組織，於是，誰來推動改革，便成了大問題。近年臺灣人人歎息「社會太亂」，原因即在於缺乏正面推動改革、建立新秩序的力量。

說到體制改革，還有一個常常被人忽視的大問題，即是臺灣現行憲法本身的問題。臺灣這部憲法，基本上是所謂「五權憲法」。由於上面所說，憲法一直掛空，所以大家在反對臨時條款時，只知道大叫「回歸憲法」，對於這部憲法本身的問題卻不去注意。而事實上，這部憲法對實際政治運作而言，可說缺陷重重。即以「國民大會」這個制度而論，憲法上未規定「國民大會」的解散權問題。孫中山原意以爲國民大會每屆只開一次，「任務完成」便自動解散。下屆自會另行選舉，因此不考慮「解散」問題。但今天這個永不自動解散的「國大」，成爲政治毒瘤。

「老代表」們利用選總統的權力，來進行擴大「國大」權力的政治交易。依憲法看，並無合法的制裁辦法。除非當局硬來，取消當年「大法官解釋」的法理根據，而宣布第一屆國大自動解散，否則「國會改選」不知如何下手。這更是改革的大難關，恐不能徒靠「協調」來解決。

不要成為「魔化」的犧牲品

「魔化」（demonization）這個詞語，在討論「烏托邦」問題時，常常被人用到。它指的是某種理想本身變質而成爲邪惡力量的情況。烏托邦思想確有這種情況，最明顯的實例是追尋無限制的自由的馬克斯主義，引生了「革命專政」的潮流，而實化爲最陰暗的極權統治制度。這顯然是馬克斯式的「自由」理想的「魔化」。

不過，有「魔化」問題的，卻不只是烏托邦理想。正如一切語言在作越範使用的時候，都會陷入自身矛盾一樣，一切理想在被其他非理性因素侵入而淪爲口號或託辭時，都會「魔化」，成爲邪惡的力量。在「魔化」的理想下生活及行動的人們，便不知不覺間走向邪惡，成爲「魔化」的犧牲品。

最近臺灣的「國大會議」開幕，鬧成一團。總統李登輝致詞時，會場外有人踢破玻璃。最可怪的是：當李登輝與國大代表進餐時，民進黨代表竟跑來掀翻餐桌，場面儼如黑社會打手攬局。事後不僅本地人民議論紛紛，海外看電視、聽新聞的華人，也都相顧愕然失笑，不明白臺灣的「民主運動」爲何如此地充溢暴力色彩。

但更嚴重的是次日立法院門外的「羣眾」示威。這次打人、燒車，無所不爲。不僅有老立委被打，而且無辜老婦也被打倒在地上。恐怖氣息之濃，大約只有中國大陸文革時代的「武鬪」場面可比。

除了極少數人以外，對這兩個場面，大家都深感憂慮。據聞，首倡「肢體語言」用於國會的朱高正，也爲這種亂打的現象，表示感慨及憂慮，別人更不待說了。可是，這幾天我聽見的議論，大半將重點放在直接的政治後果上。譬如，有人覺得民進黨如此無節制地大鬧，當局又無善策制止或化解，結果必造成老代表與當局間關係的惡化，因而會影響總統選舉。又有人憂慮公權及公信從此益加敗壞，社會秩序將更難維持。此外，還有人認爲這種外在的混亂與壓力，將與國民黨的內部衝突互爲因果而愈演愈烈。這種種想法都很實際，也很自然。不過眞正的嚴重問題尚不在此。

眞正嚴重的是：這種現象表現出一個絕大的文化危機，即是：在臺灣這個社會中，民主理想已有「魔化」趨勢，對於民主運動產生明確的負面影響。

爲何說是「魔化」？因爲這裏已經可看出民主理念在這種現象中急遽地進入否定自身的

階段。凡是對民主政治稍有了解的人，都知道民主政治的正面價值不在於效率或抽象意義的公平，而在於提供具體途徑，使人能避免在政治制度上訴求於暴力的老病。在民主政治制度未確立以前，大至政權的轉移，小至某些政治衝突的解決，最終總是訴於暴力。民主政治制度卻能使人類擺脫這個老模式，因此有巨大的進步意義。但現在臺灣的民主化，似乎步步走向依賴暴力的老路；此之謂民主理念之自身否定。

如就觀念基礎講，或許這裏的問題關鍵仍落在觀念的混亂上。具體地說，今日臺灣反對黨究竟是自視爲「革命政黨」抑或是「民主政黨」，便很不清楚。如果面對專制極權的統治，全無合法軌道可以進行政策，則只能通過「革命」，使用暴力來推翻統治者：這是「革命運動」產生的理據。但臺灣的反對黨有合法地位，並非地下組織，而且自己也曾宣說「到執政之路」的理論及策略，分明並非「革命政黨」。如今，以民主政黨而動輒用革命手段，顯然基本觀念有嚴重混亂。若只就這一層看，似乎並非無解決之道。不過，倘就現實政治層面講，另有許多現實的死結在催使民主理想「魔化」。例如：不經再選舉而無限期行使大權的「萬年國會」，是一現實的存在：國民黨或反對黨都無法在一夕間改變這個局面，也是一個現實問題；民進黨依靠抗爭起家，並無正面號召，因之不能不戀戀於抗爭，又是現實問題。這些現實的死結不解，則在一種拉鋸式的政治衝突過程中，民主理想的「魔化」危機會愈來愈嚴重。唯一的希望是：朝野人士能暫時跳開眼前現實的羈絆，面對這個「魔化」危機的眞相。大家要明白今天以暴力打破現局的想法，絕非可行之道。如不能於長期考慮下來看短期問題，仍然習慣性地依靠暴力，則恐怕縱能眞有「打破」的效果，所「打破」的將並非國民黨的統治地位，而是民主理想本身。以民主化爲號召的人們，若將民主理想「魔化」，則自身和相關的廣大羣眾，都將成爲「魔化」的犧牲品！

近年許多人喜歡說「臺灣經驗」，但願這不會成爲「民主魔化的經驗」。

修憲與臺灣大局的關鍵

——學運感言

中正紀念堂前臺灣學生的歌聲，在春雨暮寒中，似乎喚起人們心頭一點暖意。青年能有擔承國運問題的胸懷，這個現象本身便給人一種希望。然而，看「打倒老賊」的標語，卻又使人憬然有悟，悟到我們當前的政治現實，正是艱難重重。往遠處看，希望最重要；但我們要走向遠處，卻必須先克服近在眼前的難題。

「老賊」一詞，人人知道的是那些第一屆國大選出來的老代表。但這些代表之所以成爲「老賊」，卻是一個制度問題；或所謂「體制」問題。老代表們在個人行爲及政治作風上，誠然令人不能不生反感；但他們之所以處於這種不合理的政治地位，卻並非他們自己造成。眞正的問題根源是在制度上；說得更明確些，則問題在於憲法本身。

目前臺灣的「中華民國憲法」，是根據孫中山政治理論而擬定的所謂「五權憲法」；不僅在立法、司法、行政外，多了監察與考試兩權，而且另據所謂「權能分劃」理論，設立

「國民代表大會」；依孫中山自己的想法，「國民代表大會」掌握選舉國家元首及修憲等等大權，是所謂代表「政權」的機構，但非常設，會後卽自動解散。由五院組成的政府則是代表「治權」的機構。這樣，便是他所謂「人民有權，政府有能」的制度了。

這個「國民代表大會」是這部憲法的最大特點。它似乎有「國會」的地位，但又非常設的國會；它與立法院在所謂「創制權」與「複決權」方面，有明顯衝突。而且最特別處是在它並不能由總統或其他政治機關解散；因爲依孫中山原來的想法，這個國民代表大會，既非常設機構，便無規定解散程序之必要。其實，這在法理上已有問題。更不幸的是：孫中山夢想不到的將「第一屆」大會的代表任期無限延長的奇怪現象，卻成爲臺灣的政治現實。這就成爲臺灣政治的一個毒瘤。目前種種政治體制上的困難，都由此而起。

反對黨或從前的「黨外」勢力，一向以「改組國會」爲號召，原因正在於這個「萬年國會」的存在，是目前體制的最大致命傷。而另一方面，國民黨當局卻始終以爲這些代表的存在，可以象徵對中國大陸的「法統地位」；因此總不能作合理變革。

但臺灣人民眼看著與自己無關的「代表」們，不僅享有種種特權，而且決定有關他們生死禍福的大事——選舉總統，豈能不生反感？從前種種羣眾運動，一部分情緒基礎卽由這種反感生出（另一部分則以省籍的敵意爲主，這裏便不多說）。這次學運更是針對「萬年國會」的老代表們要求擴權而發動。若不通過「修憲」這個大手術來割除政治毒瘤，一切政治衝突都將無法消解。

由於體制中有這種極不合理的成分，於是反體制的運動愈演愈烈，所謂「公權」、「公信」皆日見敗壞。到今天，一切彌縫敷衍都已經無用，只有修憲可作爲對症之藥。

臺灣青年一向似乎在政治上習於被動。這次的學運多少透露出他們政治意識的覺醒。我去探問學生時，發現他們對在鄰近同時示威的民進黨，並無遷就迹象。這表示學運已有獨立性，不是作政黨工具了。

示威羣眾在靜坐數日後，秩序仍然極佳，未有暴力事件發生，顯示學生都很理性。這是值得欣慰之處。不過有一點可憂的是：似乎這些學生仍不明白學運應該一波接一波地推進；不能一發卽不可收。他們至今未清楚這次靜坐中正紀念堂，到何種情況下終止。這個問題如不解決，則要靜坐到「國是會議」召開，便是非常失策的想法。學生們的政治智慧及識見如何，這裏便是一個大考驗。能在獲得某種結果卽適時收兵，並不妨礙未來的學運發展；否則，一味延長，反會生出種種問題。這點道理不知學生們是否眞正了解。

知識分子只合扮獻策謀士？

臺灣政局雖然波濤洶湧，總統選舉可說仍然很順利地完成了。老代表們並未有任何杯葛行動；李登輝先生仍然以「高票當選」。雖然這種「高票」的意義如何，有許多人在議論。但不可否認的是：這顯示出國民黨內部的「整合」總算有些成績。而李氏本人及其親信，似乎一直將「高票當選」看成一件大事，理想有了結果，他們大約頗感滿意。

選舉既過，只聽見一片「期待」之聲。其實，大家談這些「期待」，只有修辭上的差別，內容大抵不出某個範圍，因此，似乎不必多談。我所關心的反而是：我們除了「期待」以外，當眞無可努力嗎？

所謂「我們」，狹義地講，是指知識分子；若廣義地講，則可以指臺灣的全部居民，甚至包括海外的中國人。現在我先取狹義，談談知識分子除「期待」之外能談些什麼，以及應做些什麼。

首先，我想不避重複，提出我近兩年評論臺灣現狀時常說的一句話，卽是：臺灣社會目前最缺乏自律性。社會自律能力的高低，是決定所謂「現代化」的社會中秩序好壞的主要條件。臺灣由於一向受嚴厲統治，社會基本上習於服從由上面所加的規範。一旦統治放鬆，社會不會管理自己。這不僅表現於都市交通的混亂，而且表現在治安大壞，甚至羣眾爲股票下跌而示威等等怪現象上。對於這種因不能自律而發生的社會病態，旣不能期望政府來一一處理，社會人士便須自己作一番努力。知識分子在這方面應可以從言論與行動上同時發揮影響。

其次，臺灣的民主化或政治改革，原本頗有突然而來的味道。因此，不僅國民黨幹部一時不能跟上這個急變；就反對黨以及一般民眾來看，他們也不熟悉民主政治的遊戲規則。在這方面澄清觀念，喚醒大家的自覺，更應該是知識分子分內的事。

或許有人認爲，這種社會積習，本不是一種自覺行爲，因之就下推論說，積習的轉變只能任其日久自變，於是，似乎不能由知識分子來推動。這種說法乍聽似乎有理，其實是一種誤解。人類的習慣確實不是自覺地造成，然而糾正習慣，則常常靠一種認識，以及由認識而來的自覺努力。例如，一個人有睡懶覺的習慣，天天很晚起床，誤了許多事。他一旦認識到睡懶覺的害處，便會自覺地警惕，而去努力改正。倘若不靠認識和自覺努力，則有害的習慣不知何時方能改變。個人如此，社會亦然。臺灣社會積習確是民主化的阻力：其形成也確不由於某些個人的自覺行爲，但要改變這種積習，卻非靠認識與自覺努力不可。知識分子在這裏不應推卸責任。

以上兩點，似乎都與最近熱門話題中的大問題無關。但像「修憲」及「國是會議」之類，雖是攸關政局的樞紐性問題，基本上社會的品質如何，卻在長遠意義方面，是一切改革的決定條件，倘我們不注意社會本身的進展，只注意政治上的措施，則遲早將發現，種種措施，在實行時總不能有預期效果。政治措施固然重要，社會的配合則更是實際成敗的關鍵所在。

近來，我常常有一種感想，覺得許多年來，知識分子本身既有技術化的傾向，社會人士也似乎只偏向利用知識分子的言論一面。其實，知識分子應能運用其知識及理想性，從事許多有實踐意義的行動。尤其在一個難題重重的時代中，知識分子不應只是向人「獻策」的「謀士」，而應該在言論之外，能發揮影響社會的力量，直接改變社會。當然，我這不是指個人說。個人的力量總是有限的。我只是想指出：知識分子作爲一個羣體來看，不應該只去期望少數當權者作這樣那樣的事；自己也應能直接作某些事。

最近的學運呈現出臺灣知識分子漸有覺醒傾向。我希望他們能面對社會問題，實踐地影響社會的改進，而不止於作政治訴求。「訴求」和「期望」一樣總是「求之於他人」而已。

「共濟」渡河的危機意識

「共識」這個詞語，常常出現在臺灣人口頭筆底。那當然是指共同的了解而言。我現在要談的「共濟意識」，卻完全是另外一件事。

我想到這個觀念，也是最近的事。兩年來我來到久別的臺灣，由於只是短期的逗留，並未體會到臺灣危機的嚴重性。我雖也覺得臺灣的「現代化」缺點極多，但總以爲客觀形勢已大致定局，則某種軌道會從形勢中生出。進步得遲緩雖是事實，臺灣社會似乎仍可相當自然地發展下去。我當時也只和大家一樣強調對客觀形勢的「共識」，以爲基本上只有認識不足，或努力不够的問題；並未想到另有足以摧毀臺灣前途的因素，須加範制。

現在，我則要特別提出「共濟意識」這個觀念，原因是近幾個月來，我已經了解到臺灣的問題不僅是進步不足或遲緩的問題，而是來自生活在臺灣的大眾，愈來愈缺乏那種「共同感」，不能明顯地意識到共同的遠景，也不覺察到客觀上有些可憂的事實才是共同的危機。

大家立論及行事，常常只顯現個人或某個集團的特殊立場，而將別人當作純粹的敵人，不了解有客觀上的共同利害。這種社會心態，所蘊藏的危機性，遠比進步遲緩之類的問題嚴重多多。今天若以實際狀況來說（即是不特別作保留的考慮，也不說客氣話），臺灣事實上已面臨生存與毀滅的選擇；而眞正威脅臺灣生存的，正是這種只看見歧異及衝突，而看不見共同性的心態。

任何一個社會中，特殊性與共同性總是同時並存的。尤其專就民主政治制度說，這種制度原以保護特殊性爲特色之一。例如，就政黨而論，每個政黨在一定政策層面上，自必與他黨有對立的情況：我們不能取消政黨的殊別性，而只強調共同性。徹頭徹尾的共同性（專就政治層面講），只在「革命專政」的制度下方有可能，而那就恰恰是民主政治的否定了。不過，反過來看，倘若全無共同性，情況又是怎樣呢？大家全無共同的關懷，全無共同的目標，甚至全無任何共同感，則這些人無法組成一個社會，也無法在同一國土上共同生活。勉強擺在一起，這些人也只會終日斫伐，終日互相侵害，而不能作出任何有正面意義的事。再說清楚些，殊別性是民主政治制度或民主化的社會所必須具有的條件，而共同性卻是任何社會能持續、能發揮功能的先決條件。以美國而論，不管我們如何批評美國的文化及制度，我們大概不能否認美國是一個民主國家。美國人自然特別重視殊別性，可是，美國人確有一種共同感。美國儘管常常有政潮、學潮及工潮，但並不因此而喪失他們的共同感。我點明這種理論分際，免得某些人會誤以為我現在談共同性，是在替「專政思想」說話。

所謂「共濟」，自然從舊諺所謂「同舟共濟」而來。說「同舟共濟」時，不僅含有要求大家合作的意思，而且隱含一種對可能危難的預認。當我們發現大家都必須渡河的時候，便應知道「共濟」的意義。《書經》紀周成王臨終時要大家扶持「元子釗」以濟艱難，大約是關於「濟」的早期資料，今天我們談「共濟意識」，卻不是要支持誰，而是要大家避免走上一條足使臺灣毀滅的路。

有共濟意識，並不妨害殊別性在另一層面上的存在。臺灣目前外有中共的壓力，內有經濟、政治及社會方面的種種難題。倘若大家只知道相爭，而不能在相爭時仍考慮全體的前途，則任何一種難題都可以發展成不可挽救的災禍。目前「統獨之爭」，「兩大黨之爭」不用多說，即就那些國大代表們最近所作所為來看，他們只關心殊別層面的利益，而不顧全局安危的心態，也表現得淋漓盡致。任何人無法消滅一切爭執。多元化的民主社會中，爭執更是必有的現象。我所要提醒臺灣人士的，只是：除了爭執及鬪爭外，大家不可忘記目前臺灣處境仍像在波濤中掙扎的小舟，大家不求「共濟」，便可能共溺、共亡；那時，一切所爭的得失又有何意義！

中正堂的寒雨與晴陽

——記臺北學運

那一天，春寒料峭，細雨霏霏。臺北多年來首次發生大規模的學運。學生們在中正紀念堂靜坐抗議，要求解散國民代表大會、修改憲法、召開國是會議、加速政治改革。

本來這次學運以臺北學生爲骨幹，但全臺大學紛紛響應。新竹距臺北甚近，於是清華大學的學生很快就加入了。我最初聽見學生要到臺北遊行，還不知道他們會採取「天安門模式」長期靜坐。後來聽說史研所的學生決定星期二大早趕回清華聽我講課，下課後又要趕往廣場，繼續靜坐，方覺得情勢已非尋常上街抗議可比。於是，星期二（三月二十日）傍晚，我遂與歷史研究所張永堂先生，同往中正堂探望學生，想順便了解這次學運的實際情況。

學運之爆發，本由於那些「老國大代表」（卽未經改選的第一屆代表）的荒謬行動。他們不肯退休，而且提出議案，要擴大權力，並延長增額代表的任期，還要求大量提高自己的出席費，弄得「舉國譁然」。在學運開始時，各縣市議會已在紛紛抗議，並要罷免他們選出的增額代表，說他們不應附和「老代表」們的荒謬議案；臺北輿論更是一片討伐「老賊」之聲。在這種形勢下，學運自然很容易得到社會支持。當學生開始露宿時，寒雨未止；而羣眾已捐贈了雨具和睡袋。此外，贈送食物及飲料也很多。其後，加上有學生開始絕食抗議，更使人覺得「天安門氣氛」甚濃。但我到了廣場，與「指揮中心」及糾察隊接觸後，再到清大地區觀察，很快就發覺臺北這次學運，基本上與天安門學運大不相同。

第一、就目標而論，天安門學運由追悼胡耀邦開始，訴求步步升高。最後成爲要鄧小平下臺，要打倒李鵬，儼然是以推翻中共的統治勢力爲目標。而臺北學運只有「打倒老賊」的口號；雖然要求政府宣布「改革時間表」，卻並未有針對政府首長個人的反對標語。這樣，學運仍是要求「國會改組」的大運動的一部分。而國會改組本來勢在必行，問題只在技術及程序上。包括李登輝本人在內，大概無人反對這個目標；因此，學運的訴求並未升至政府無法接受的高度。

第二、北京的學運雖然未必如中共官方宣傳所謂「有黑手操縱」，但顯然是支持改革派，反對鄧李等人的，因之卽有參與當時大陸政治鬪爭的意味。這次臺北學運卻不僅全無參與國民黨內部政爭的傾向，而且對國民黨與民進黨的對抗，也明顯地採取保持距離的態度。

本來，民進黨原先就發動一些羣眾，到中正紀念堂示威；但學生大隊開入紀念堂後，便與民進黨所佔區域劃明界限；不讓那邊的羣眾走入學生地區，更不給民進黨插手的機會。我在廣場上的時候，知道民進黨與學生指揮中心有一個協議，卽是大家輪流使用擴音器講話（因爲相距甚近，一邊若用擴音器，則另一邊必受干預）；可是，這邊學生們當晚正分組討論下一步行動問題，自八時至十時前後，一直在使用擴音器；民進黨那邊幾度要求給他們一段時間，學生代表卻答稱討論未完，非常抱歉云云。從這件小事上卽可看出這次學生們對民進黨也毫不遷就。這使得中正堂的學運遠比天安門情況單純化，正是日後能夠順利收兵的理由之一。

第三、中共統治之嚴厲，畢竟非國民黨可比。今天的臺灣，國民黨事實上已不能眞正專政，尤其不能隨意使用軍警作大規模的鎭壓；因此，比起北京學運來，臺北學運的冒險性甚低。大家都知道，儘管訴求能否收效尚不可知，但卻並無大危險。這使得廣場上氣氛輕鬆多。在民進黨與學生人羣中，都不覺得有什麼悲壯氣息。這大概是兩個學運的明顯差別所在。

不過，當我到廣場和學生談話的時候，聽見許多學生都提出「何時收場」或「如何下臺」的問題，仍然有點憂慮。我擔心學生們不明白學運的功能主要是表達社會的抗議態度，而不是正面解決問題；換言之，只能向政府或其他抗議對象施壓力，而不能自己直接去解決問題。他們若一味堅持繼續抗爭，不退不停，則事實上對所尋求的目標無補，而拖長了的學運本身反會百病叢生。因此，我曾對一些聽我談問題的學生說，學運是要一波接一波地推動，現階段的抗議，到獲得某種結果的時候，便須暫時「勝利收兵」。這樣，反可以培養士氣，以備下一波的行動時運用；如果無限期、無預定計畫，只一味拖下去，則對各方面都有害無益。當時，聽我談的學生都明白我的意思。這則足見他們一直還很理性、很清醒。次日，李登輝的選舉總算完成了。他便立卽準備接見學生代表，說明政府改革體制的決心；雖然延至七時以後，學生方選出代表去見他，但總算接受了學生所提對話的要求，又作了明顯的承諾。當夜，學生們熱烈討論之後，終於在第二天決定解散返校。這是當時形勢下可能有的最好結局。

星期二那天，已經轉晴，我在廣場中，已覺得很熱。等到第二天上午，總統選舉在陽明山舉行，學生們卻在中正紀念堂晒太陽，大家已有渾汗不已之苦。然而，學生撤退時一片晴陽，畢竟勝於來時的凄風苦雨。臺灣的氣候變得眞快；但願政治改革也會變得快一點，或許便不需要再來幾次天安門式的抗議運動了。

長期清理國內政治的「奇難雜症」

臺灣近一月來的政治風波，不僅使境內朝野人士憂疑不安，而且成爲國際矚目的問題。本來，政治上有難題出現，或有某種衝突發生，並非罕見的事。但目前臺灣的政治問題卻是糾結錯亂，令人看不出頭緒；若以病症作比喻，則臺灣目前的政治病，可算是「奇難雜症」一類。面對著一團亂象的病象，如果只藉此攻擊某些人無力治病，自然容易；如要對症下藥，則有不知如何處方之苦。

通常在政治主張上有基本原則的人，面對一種政治難題，總不難依其所守原則採取一種態度。然而，臺灣眼前政治的亂局，卻使許多人感到無所適從，不知如何選擇。這就是所謂「奇難雜症」的特徵了。

但事態不論如何複雜，倘若我們眞以公心觀事理，總可以將眞象清理到一定程度。能看清楚眞象及問題關鍵，便是看清病源，而後擬定藥方，纔可能收效。

我現在先不貿然談藥方，只想試作清理，看能否達成一種客觀可信的了解。

我覺得目前臺灣政治難題，主要在以下兩點：

第一：臺灣政治有些先天病，無法在一夕間治癒。具體地說，國民黨原是一個所謂「革命政黨」，有多年專政的歷史。南京行憲，雖然在表面上結束專政，事實上則來不及脫胎換骨。臨時條款作爲一種非常時期的辦法，或許當時確有此需要，但其功能則是將憲法及所涵制度虛位化。憲政既成爲虛位概念，專政制度實際上繼續運行。如今天爭鬧不休的「國會問題」，不過是一端而已。蔣經國先生逝世以前，毅然採取快刀斬廝手段，要推進臺灣政治民主化，自是一種可佩的政治智慧的表現。但客觀問題並未自動由此消失。整個制度的改造，必待一段時間，方可能完成。扣緊問題說，臺灣既要不經流血革命，而從專政狀態蛻化爲民主政治狀態，則社會只能要求政治改革加速進行，不能要求原有一切體制及措施突然全部消失。民進黨的抗爭，在解嚴及開放前，確有意義。但今日既非推行革命，卻又不給時間來讓新秩序長成，一味打打鬧鬧，使政治運行無法維持，則結果並不能達成任何理想，只能造成全面秩序的崩解，而政治改革也無從說起。大家不能在抗爭之外，看清改革的可行之道，是最大的病源。

第二：就國民黨當局說，專政傳統的存在是一回事，今日如何決定政治路向是另一回事。蔣經國後的國民黨，已不能不走向民主化，則當局人士要認淸自己所扮演的是甚麼角色。有關憲政體制的某種「傳統」，應該儘量避免。倘若自己的角色本是要負責推進國民黨的自我改造——從專政改向民主化，卻去維持專政的傳統，則正如下圍棋時突然誤用象棋規則，結果自然是一團混亂。尤其定計設謀的「智囊團」人士，對這個大分寸問題，若是看錯，則「奇難雜症」，便會由此生出。

第三：就社會而論，社會人士不可以只將注意力放在個別事件上，而須對全盤局勢正面的需要與反面的危機先有基本了解。只在一個個事件上盤旋，則結果不免見其小而忽其大。社會力量是民主政治的必要條件；這種力量的培養、發揮，無法落在每一個人身上。倘若社會大眾一面要求民主化而另一面不明白自己的責任，不能推動社會自律性的發展，又一味事事找政府；則是羣眾自己迷失方向。這是目前政治亂局的另一點病源。

近來輿論紛紛抨擊某些人士，當然不是全無理由；另外有些人專注於所謂「保守勢力」是否將來個「大反撲」，自也不是全無根據。但眞正的病源，不在這些表象上，而在表象的背後，不論我們能否找出最有效的藥方，認淸病源總是最重要的事。至於在政治蛻變中合法性成爲問題的「老代表」們，究竟要做甚麼事，這只是短期中的難題。長期的對症下藥，方是今日有志者的眞任務。

「異質性」暴漲的臺灣社會怪現狀

人人都知道現代傳播影響力之大，而談到傳播的基本功能，大家也都知道是在於意見及感受的溝通。然而，事實上，傳播事業之興旺，傳播活動之頻繁，有時卻不見得對社會內部的溝通有益。

就臺灣現狀而論，臺灣社會充滿了「異質性」；我們到處看見一羣人與一羣人間，觀念鴻溝無法改變。所謂「立場」的歧異，每每使人們忘記最明顯的事理。臺灣人所喜歡說的「共識」一詞，愈來愈成為虛影。而臺灣的傳播界，對於加強溝通一方面，卻又似乎愈來愈不重視。每每看見，某種由於缺乏溝通而生出的社會衝突出現，報章只是當作可吸引讀者的話題來大加渲染，而不作任何努力去改善溝通。這是很令人擔憂的現象。

以最近的實例而論，立法院那些專門從事「杯葛」的先生們，為了國防部預算能否公開的問題，鬧得滿城風雨。後來雖終於解決，但此中所暴露的欠缺溝通的問題，已經非常明顯。我不知道別人感受如何，我自己在那幾天，每看見這方面的報導，便覺得非常心煩，像童年時看家中婦女們作無益之爭時的感受。

事理本來很簡單。軍事資料不能全部公開，不待解說。而不關軍事機密的普通資料，可以公開，也不是甚麼難以了解的道理。這次爭執的雙方，最後達成的「協議」，仍不外根據這點簡單道理，但卻先鬧上幾天，使立法院工作秩序受到不必要的影響。顯然，這裏的眞問題，正在於雙方意見溝通不足，於是成了發洩「鬪爭情緒」的機會。

我對臺灣軍方人物素無特殊印象，而且以我一向堅持自由與人權的立場，自然對從前戒嚴時期的軍權高漲在原則上反對。然而，我這種立場並未使我看不見簡單的事理，因此，從這次爭執開始時，我卽覺得國防部預算不能全部公開，是當然之事理；秘密審查以決定預算應否刪減，也是唯一可行的辦法。至於不關機密的資料，不妨公開，更不成問題。可是，國防部與立委間，竟不能在如此簡單的問題上達成共識；分明是背後各隱有一些特殊想法，以致雙方無法溝通。

背後的想法也不難測知。立法院某些民意代表，一向不顧及全局，只就自己的特殊立場著想；他們對於打擊政府官員最感興趣，而且對臺灣軍事自衛問題的重要性，不肯正視；於是，他們與國防部爲難，自己以爲是在伸張「民意」，而未發現這次實在找錯了題目。在國防部一面，則強人政治下的習慣未改，自己也無意於了解對方的想法。於是對於一切改變，都持抗拒的態度；結果便是一方面的人要將不能公開的機密資料公開討論，另一面卻連可以公開的普通資料，也要一併保密。大家對「機密」觀念，根本不想達成共同了解，就只好造成僵局了。

當僵局未打開時，報章言論似乎只在渲染這種衝突；並未努力幫助雙方在基本問題上溝通。譬如，對雙方主要人物作特別訪問，讓雙方有機會將自己的觀點、主張及理由說清楚，則不難早找到雙方可接受的解決之道。這也不是很難的事。

另一個關於行政院長下任人選的話題，近來也天天佔據報紙的第一版。其實這裏的眞問題，在於所謂「閣揆」的客觀條件是什麼，而不在於那些無意義的人事糾纏。報章若能面對客觀事理，來析論「閣揆人選」問題，則不難使各方有關人士形成一種共識；人事恩怨的糾纏，自可超越。這也是另一種促成溝通的工作。但若傳播界將這種未定的悶局看成爭新聞的機會，今天甲報登載某要人的一句話，明天乙報又渲染一段內幕新聞；使社會羣眾懷著看把戲的心情，來追新聞報導，而不能面對客觀上的眞問題，則雖有一時的熱鬧，對政局、對社會、對傳播界本身的形象，都將是無益有害的。傳播如不能促進溝通，便失去主要功能，如何能使人尊重呢？

是問題的結束，還是新問題的開始？

——從郝柏村組閣談起

在所謂「閣揆」問題擾攘多日之後，突然傳來李登輝總統決意提名現任國防部長郝柏村組閣的消息。這個消息如果屬實，則表示臺灣將出現「軍人內閣」。李氏這個決定，令人錯愕的程度，尤勝於上次提名李元簇爲副總統。

最近政局波翻雲變，朝夕不同。這次郝柏村組閣的消息，是否又會再有變化，尚未可知。我現在假定這個消息即將成爲事實，來略說我的所感及所見。

當前政爭所牽涉的問題，本來極爲複雜，可以從不同角度來析論。我在這裏卻只想提出一個問題，即是：軍人組閣的決定，究竟表示臺灣政爭已有了結論呢？抑或表示一些新的難題正開始呈現呢？此中差異，判若天淵，值得作一番探究，讓大家看清楚客觀形勢。

若從最表層的意義著眼，則當局這個決定，可以說是結束了最近某些政爭問題；因爲：

第一，所謂「二李爭權」的問題，在軍人組閣的決定下，顯然以李煥的失敗而結束。再進一步說，自數月前國民黨發生內爭以來，所謂「主流」與「非主流」對峙的形勢，也通過這個決定，而有了深刻的變化；可說對峙問題漸漸結束。

第二，最近由立委連署支持李煥續任而透現出來的國會與總統爭權的形勢，由此一決定而進入簡單的攤牌階段。李登輝的態度或取向問題，也可說已得結論。不論這次提名能否獲得立法院同意，李氏之不願遷就國會，已經完全明白地表現出來。他是在走「強人路線」。

第三、所謂李登輝的「人事佈局」，現在也不用再作種種猜測。從這個組閣的決定，便可以確知佈局的輪廓。這一點不必多談。

然而我們若不自囿於「爭權」或「佈局」這種事件性的問題上，而注目於較具深遠意義的結構性或制度性問題上，則這個軍人組閣的決定，顯然將引生一些新的難題；換言之，這不是問題的結束，而是新問題的開始，這也可以分爲以下三點來說明：

第一、國民黨在「革命專政」傳統中，本來以軍人爲權力核心。近年的民主化運動原是要擺脫這個傳統。現在，忽然在並非政治強人的李登輝主持下，出現一個軍人組閣的局面。這是不是表示軍權又將高張呢？這種傾向與民主化運動將互相衝突，抑或將勉強共存呢？這是新的難題。

第二、臺灣社會近十餘年已有結構性的改變。民間勢力逐漸形成，參與意識也漸漸強起來；此所以蔣經國在最後階段，主動放棄強人領導的路線而走向開放及民主化。李登輝憑憲法地位而繼任的時候，於理於勢都別無選擇，只能走向民主化，結束強人路線及專政體制。可是兩年來，李氏的作風卻似乎是要勉強作個強人；這是近來臺灣政爭不息的重要原因之一。許多對臺灣懷有希望的人，都在期望李氏會有一番自我調整，來完成這個結束專政體制的歷史使命，從而影響整個民族的遠景。現在李氏突然用軍人來組閣，他自己可能另有想法和解釋，但客觀上則是引出了一串新問題，那就是：李氏是否想借軍權來支持自己走強人路線呢？倘眞想如此，他是否明白這是臺灣社會目前難以接受的作法呢？倘若他不以社會實際爲意，只是順自己的想法作一切決定，則社會與政府的衝突又將朝甚麼方向演變呢？這裏充滿種種陰影和危機，是十分嚴重的新問題。

第三，最近透過民眾反對國大的機會，逼出一個召開國是會議的計畫。雖然對於這個會議的正面成果能有多少，各方人士估計不同，但無疑的是：這個會議是革新體制的機會，當學運發生的時候，明眼人都知道那表示改革體制已是民眾的要求，而非反對黨所能獨佔，因而，在原則上，贊成開國是會議的想法。如今，國是會議正在籌備，李氏卻忽然用軍人組閣，露出要走強人路線的意向，則在這種情況中，未來的國是會議變成甚麼樣子，便成爲一個近在眼前的新問題。如果國民黨當局給人的印象是一面要重新走強人路線，一面又以敷衍心情開個國是會議，則問題不僅在於這個會議將會一事無成，而在於當局的改革計畫及主張，將不能取信於民眾。這樣，臺灣的政治遠景何在，便成爲更大的難題了。

總之，軍人組閣，含有不可忽視的意義；如果並無其他設計及決策來平衡其影響，則這裏要生出的難題，比它能解決的問題嚴重百倍。倘若局中人只以爲這一著棋可以結束爭權之類的現存問題，而不明白竟會生出長期性的新難題，那便是見秋毫之末而不見輿薪了。

政治轉向與臺灣前景

臺灣政局，在近幾個月來波濤起伏；至今可說尚未步入穩定狀態。不過，就執政的國民黨的大路線而論，最近李登輝的「就職講詞」，卻似乎透露出一些新的決定，對四十年來臺灣的傳統政治路線，有頗爲重要的修改。這些決定付諸實行，便將是臺灣政治轉向的開始。

李登輝在最初繼任總統及黨主席的時候，曾經很明白地表示，並無所謂「李登輝時代」；意思是他基本上遵循蔣經國的政治路線。但兩年後的今日，李登輝已經顯然地採取了另一種政治路線。這種改變的原因，自有客觀與主觀兩面因素，然而更重要的是，這一個政治轉向的後果將決定臺灣的前景。關心中國問題的人，對此不能不愼加思考，深入了解。

李登輝的講詞，從一個角度看，可說缺乏具體的實踐程序，此所以民進黨與自由人士對這篇講詞頗多不滿的反應；但就政治路線或方向看，則李的講詞至少有兩點表明他要改變臺灣的傳統路線。這兩點都是關涉重大的。其一是對中共的「大妥協」，其二是對內部的「半開放」。

所謂「大妥協」，自然還不到接受中共的「一國兩制」方案的地步，但已到了迫近放棄反共運動的地步。李登輝在講詞中提出他的「大陸政策」，要點有三：

第一、肯定「一個中國」的原則，雖堅持「中華民國」的「主權國家」身分，但同時承認中共的「中華人民共和國政府」是談判對象；換言之，卽不再將中共看成「叛亂團體」。

第二、提出所謂「三條件」，作爲談判統一問題的先決條件。在這裏，李登輝雖仍然提出要求中共改革它自己的政府經濟體制，似乎繼續使用「民主政治」及「自由經濟」的口號，但特別強調中共對臺灣的態度。他要求中共放棄軍事進攻的計畫，而且在外交方面不阻礙臺灣的國際活動；意思似乎是說，只要中共不來威脅臺灣，臺灣已經不打算威脅中共。這就是將國民黨多年來宣傳的「反共復國」的政治路線改去一大半了（剩下的只是推動大陸改革以改變中共統治的說詞）。

第三，李登輝特別表示，今後臺灣政府將鼓勵甚或加強兩岸的交流。將這一點與最近關於設立「中介機構」的決定合起來看，可知他心目中的交流，已不止是零星的民間個人往來，而是僅次於政府接觸的社會機關間的公開交往。我們可以很容易想像到，當這種形勢出現後，所謂海峽兩岸事實上已經不再分隔，所缺的將只是政府的官式關係而已。

這是一個「大妥協」，因爲這是臺灣當局在中共未有任何政治體制或路線的改變以前，自己主動地放棄了他們的「反共運動」。其所以如此，自可有種種解釋，下面再談。現在我要強調的是——這個轉向對臺灣前景將有重大影響，而這應是我們不能忽視的問題。

另一面，與臺灣前景有更直接影響的是李登輝對臺灣政治體制改革的基本主張。我在上文已標明「半開放」一詞，來指述他的立場的特性，現在可以稍加說明。

李登輝雖然不斷提及「民主化」，但他對憲法的態度，則是基本上要保持孫中山模式的所謂「五權憲法」。

他在講詞中，特別強調「五權憲法」及「權能分劃」的理論，總說是取中西文化之長云云，這表明他心目中的政治改革，仍要以國民黨傳統的政治思想爲主導。倘若這就是今後臺灣憲政的趨向，則與世人所期望的臺灣民主化顯然有巨大的差異。

國民黨當年在孫中山主持下改組，而確定地走「革命專政」的路線，因此，「五權憲法」以一種官方思想的身分成爲政治體制的根據。這裏並看不見眞正民意的選擇。而且，事實上，孫中山既有「訓政」的理論，則根本上是要在行憲以前，先教育民衆使他們接受這一套政治思想，而並非讓這種政治思想通過民意的選擇而再被接受。這在一個「革命專政」的大架構中，原不是難於了解的現象。問題是，今後臺灣的政治改革，是否要擺脫「革命專政」的傳統?倘若要擺脫,則不應將「革命專政」時期的指導思想當作民主化運動的規範;倘若不擺脫這個傳統,而只能在那一套指導原則下進行政治改革,則基本上與中共的「四個堅持」相似,不算是眞正的開放性政治改革了。現在,李登輝要維護「革命專政」的指導思想,所以只能稱爲一種「半開放」的態度。

「大妥協」與「半開放」,合起來將對臺灣前景有甚麼影響呢?

我們仍然可以分別就這兩面看。就「大妥協」而論,臺灣既期待中共的回應而走向和解,則今後,不能再以「非常時期」的觀點來處理任何問題。不僅許多法規要廢除,而且得有新的規範原則成立,方能奠定社會活動的軌道。

我兩年來屢屢提到的「社會自律性」問題,將更爲突出。而這個決定的原始目的能否達到,則甚爲渺茫,因爲中共尚難接受。若中共不變,臺灣作妥協後自身又不能有正面成長的實力,則箇中種種隱憂,甚爲難測。

就「半開放」而論,臺灣民衆社會中所醞釀的政治要求,恐不能滿足於「半開放」的改革。

雖然有一部分人可能不眞正關心民主化,甚至也不覺察到「革命專政」的整個路線的危險性,但這些人多半在政治運動中居被動地位。主要爭取改革的活動分子,將繼續加強抗爭；甚至國民黨內部也會有分裂為兩派的趨勢；「半開放」恐不能給臺灣帶來穩定與和平。

這是「長話短說」，要探究這個前景問題，不是一篇短論的事。

何謂「執政」？多少「暴徒」？

在一片抗爭打鬪聲中，郝內閣終於成立了。但報端這一類報導，並未引起我太多感想，原因是所報導的情況幾乎全在意料之中。反而有兩段談話，使我瞿然注視；這並非由於這些談話本身怎樣離奇，而由於這些話背後隱藏的心態或觀點大可注意。

其一是立委張博雅有關她本人參加郝內閣的談話。她除了說她的理念不改變以外，提出了一個辯護理由。她說：「在野的目標，原本就是爭取執政的機會與空間」，俾能對體制進行改革云云。我讀了這段報導，愕然久久；難道這位黨外健將，認爲她接受了郝內閣衛生署長的任命，便是「執政」了嗎？

在野的政黨確實應該以執政爲己任，但在野的個人卻不能說是以「爭取執政的機會與空間」爲目的。個人進退當以自己的政治立場及理想爲判斷標準。張博雅從前的歷史，我所知甚少，但至少這次李登輝總統初提郝柏村組閣的時候，她分明公開表示反對「軍人組閣」；

則以她的立場及理想而論，斷無忽然參與這個郝內閣的道理。她現在似乎找到一個堂皇正大的說詞，爲自己這個很世俗的選擇作理據；但倘若從「在野的政黨應該爭取執政」這個斷定，推出「在野的個人應該爭取作官的機會」，則不唯是思想混亂，而且實在是在宣傳「敲門磚主義」了。試問個人拿一個官位，如何能算「執政」？若將個人作官當作「執政」，而且主張在野的人都應該「爭取」這種機會，則豈非鼓勵人將在野的政治活動當作求官位的「敲門磚」？以在野的抗議活動作爲求官的「敲門磚」，是一種卑下作風，張博雅委員難道不知道？

至於說對「體制」進行改革，那自然是在野勢力或人士應有的目標；可是何以個人在現行體制下取得一個官位，便能對這個「體制」進行改革，則又是使人無法了解的。反對黨或要求體制改革的抗議人士，正需要一種獨立精神來保持立場。愈是依附現行體制，愈是無力進行改革。這點淺顯道理，張博雅也不會不明白。其所以持上述論調，不過勉強自解，近乎自欺欺人。而這就是心態問題了。

另一段談話是出自警務官員。在五月二十九日，警方與「反軍人干政聯盟」遊行羣眾發生劇烈衝突，演出警民街頭大戰之後，次日警政署副署長季錫斌向記者說：在這個事件後，警方將採取更嚴格的手段取締非法集會遊行，對「施暴的歹徒」絕不姑息，立卽逮捕云云。

這段報導與上述張博雅談話的報導，同見於三十日的《中時晚報》，是一段小消息，但我看了卻別有所感。大凡當政府人員將遊行抗議的羣眾稱爲「暴徒」或「施暴的歹徒」等等褻名的時候，即表示政府有意加強鎭壓。這次警民衝突中，可能眞有一些喜歡鬧事的分子參與，我個人對於這種暴力行動也不欣賞。畢竟在街上扔汽油彈、砸飯店的門窗、焚燒公車等等行爲，只能造成人民的損失，而又非眞正的革命行動，對改革體制無補。但警方態度的變化，卻帶來了另一種可憂的信息。記得遠在蔣經國當政時，我們在海外看見臺灣警民衝突的報導，同時聽到蔣經國有「罵不還口、打不還手」的指示。當時大家便覺得這裏有一個新信息。國民黨雖尚未解除戒嚴，但已有漸求開放的迹象：因爲，至少這種指示表明國民黨當局有意避免大流血的鎭壓行動了。後來，蔣氏終於走上開放改革的道路，解嚴解禁，容許反對黨成立，使臺灣政治形象一新。大家開始對這個小島上的中國政治前景，比對大陸的政治前景更寄予希望。兩年來，雖說臺灣的政治、經濟、社會方面，都是問題重重，但並無明顯的路線倒退的傾向。直到李登輝要走強人路線，又提名軍界強人來組閣，形勢方有變化。這次警方對待羣眾，已開始打人和抓人，使人覺得軍人主政果有轉採鎭壓手段的表現。這位副署長的談話，進一步證實官方態度的轉變。而他能公開將羣眾看作暴徒，分明自覺理由正大，透露出他們的心態與戒嚴時期無異。這個信息能不令人憂慮嗎？

清流與末世

——談胡佛退出國是會議

臺灣的國是會議，在一串「抗議」與「協調」後，終於「圓滿閉幕」了。在開會前夕，有一件朝野矚目的事，即是作爲籌備委員會成員之一的胡佛教授，竟在籌備完成，會議卽將舉行時，宣布退出。接著，蔣彥士這位「協調專家」自然又要奔跑一番，不過這次協調並未成功。胡佛既退出，自然不肯再回來；而且，另幾位學術界代表，如楊國樞、李鴻禧等，雖然彼此立場頗不相同，也隨胡佛而退出會議。雖然會議舉行如常，但這一層陰影卻似乎拂之不去了。

胡佛的退出，基本原因是他覺得所謂「國是會議」業已變質。說清楚些，則是國民黨與民進黨雙方的作風，使他明白兩黨實際上是以這次會議作爲政治交易的場所，並無意聽取學人的專家意見；於是學人出席會議，不過是作陪襯，能發揮的正面作用極小。胡佛不願意作這無聊的陪客，因此只能及早抽身。就此而論，胡佛畢竟不失清流本色，比起某些事前極力鑽營，弄個代表頭銜，在會中卻又全無表現的知識分子，誠有天壤之別。

歷史上清流之興起，每每是在王朝衰落，紀綱廢弛的時代。因此，清流與末世似乎有一種不可分的關聯。此中道理也很簡單，必定是社會規範有解體傾向的時候，方會有知識分子挺身而出，力爭天下大計。他們與惡勢力對抗，方能形成所謂「清流」的形象。倘若一切事皆上軌道，社會在正常地發展，則知識分子也和其他人一樣地度日，便顯不出什麼清流立場。所以，清流在末世中出現，本是很自然的事。可是，正因爲清流所處的時代常是末世，清流之悲劇也似乎不可避免。末世頹風，照例是漠視是非，一味追求私利；清流原只能「據理力爭」，當大家並無意於講「理」的時候，清流便成爲「與世相違」的狂士或呆子。當權者或表面敷衍，利用他們來粉飾門面；或厭其戇直，不想敷衍，便儘量排斥；最不幸的時候，是當權者自己感到知識分子在威脅他們的地位，便爽性鎭壓一番。東漢與北宋的黨禍，便是最明顯的實例。

中國的清流傳統，充滿了悲劇英雄人物。他們都在社會的責任感和歷史的使命感支持下，在末世中追尋某種理想的實現。而結果總是至少在當時失敗，其正面歷史影響則在若干世代後方能顯出。其所以如此，正因爲末世不能容納清流的主張。這樣，清流常在末世出現，而末世又先天地排斥清流。於是，清流幾乎命定地是失敗者，能够免禍，已屬幸事。然而，清流之可貴，並不在乎他們會在某一爭持中獲勝，或者某一件事上有具體的成就；而在於他們所代表的方面對歷史文化進展的長期意義。這個意義卽在於不屈於權威，不受私人利害支配的爭是非、爭理想的精神。說到「精神」，人或許覺得很玄遠、很虛幻，其實，就人類長程的文化生活看，它正是生機所寄的樞紐點。

中國大陸自從墮入共產黨的「革命專政」的制度羅網中，知識分子成爲最受虐待，最不幸的一羣人；清流勢力之形成自然無從說起。近年由於政治上一度放寬管制，似乎有些人開始與當權者抗爭；最後發展爲一九八九年的民運。但是這些參與運動的人，基本立場與傳統的清流不同。他們是從事政治革命，在爭取民權，也是實際政治鬬爭的當事人，不像清流人士只爭事理是非，並不打算自己掌握政權。從這個意義說，中國大陸自一九四九年以來，根本無清流存在。而且在革命式的抗爭下，雙方以外不易有中立勢力，因之，最近的將來也未必會有清流人物出現。

臺灣情況卻不同。臺灣當年在蔣氏父子統治下，其統治方式本不是徹底的極權制度。蔣介石在最專制的時候，仍然表面上對知識分子有一定程度的寬容。所以，胡適、傅孟眞等人，仍可以保持近似清流人物的地位。至於臺灣解除戒嚴之後，在政府方面，壓力可謂大大減輕，但知識分子自身能否作一個眞的清流人士，卻是另一問題。事實上，今日臺北的國民黨及政府當局，並不能眞正威脅知識分子或強迫他們做某些事。然而，知識分子本身能否堅守獨立的立場，嚴肅地面對事理以爭是非，卻靠自身的意志與智慧。

卽以這次國是會議而論，客觀上原存在所謂憲政改革的大問題。兩個政黨各有其私利打算，因此有他們的主觀願望。從會議籌備階段起，民進黨便明白表示過態度。張俊宏曾說他們的「民主大憲章」代表他們對憲政改革的主張，而憲章的原則卻是以有利於民進黨執政爲主。換言之，他們並不考慮臺灣民眾或社會需要何種憲政制度，而只將憲政制度看成工具；什麼有利於他們的執政，他們便主張什麼。另一面，國民黨又以維護他們的統治地位爲基本目的，於是要儘量保持「五權憲法」，卻同時設法擴大權力。在這樣的大家只講利害的情況下，弄出一個古怪的結果，卽是兩黨都主張「總統制」或「混合制」，而反對「內閣制」。他們在這個問題上秘密協商，表面上卻擺出向學人諮詢意見的姿態。所謂「末世」的無是非的心態，在此表現得淋漓盡致。而胡佛這樣的知識分子，倘要不失去清流立場，除了退出，尚有何選擇呢？這又是末世中清流悲劇的一個小例子而已。

不是小事一椿

臺灣數月來的政潮，似乎暫時平息。在一串議會的抗議與杯葛聲中，郝內閣已經組成，省主席及院轄市長也已經過了關。究竟這個「新局面」會不會給臺灣帶來經濟、治安以及文化教育方面的進展，自然是未定之數。至於政治方面，則希望仍當貞於修憲及改組國會上。拋開喜憎或立場問題來作客觀判斷，則我認爲大關鍵將在兩年後的民意代表選舉；臺灣民主化運動能否落實進展，在那時候方能看出來。反而目前即將舉行的「國是會議」，似乎愈來愈變得像當局者主持的應酬場合；雖然我們不能說這個會議全無意義，然而它可能發生的作用，當遠不如最初大家所預期的那樣重大了。

從現在到兩年後的大選舉，還有頗長的一段時間。這段時間好像又是臺灣人士喜歡說的「過渡期」了。

在這個小「過渡期」中，對那些長久性的大問題，人們只能做一些準備工作；但對某些局部性的較小的問題，卻仍可以踏實地作一定程度的努力，以期得到一些零星成果。

這是我最近的感想，其所以有此感想，是因爲我很強烈地感覺到臺灣有許多不合理的情況，亟待改革，而這些事並不牽涉到政治路線或體制等等大問題。在大問題能獲得解決之前，零星的改進現況的工作，應該可以進行，而且可以得到成果。

舉例說，臺灣各都市的市政，實在顯得太不够標準。別的較小的城市不說，像臺北這樣一個大都市，在公共建設和管理方面，落後得令人難以接受。臺北的大街道，本來很寬敞，氣象不差；加上新建築甚多，猛然看起來，似乎比海外某些都市還勝一籌；可是你如果在臺北街上多走幾次，實際的體驗會使你驚訝。臺北幾條頗爲繁榮的大街，如仁愛路、信義路等，路面殘舊不堪；只要下雨半小時，地面上便是積水處處，簡直寸步難行。市政當局不知何故視若無睹。我雖未從事過工程研究，但看海外其他都市的情況，也知道修整路面並不是太難的事。若說臺北市的工務機關對這種小問題無能爲力，則未免太可笑。

其次，在公共衛生方面，臺北食物衛生水準之低，也出人意外。儘管有許多大餐館，裝潢精美，氣象豪華，可是每每走在鬧市附近的巷子裏，便充滿十分骯髒的食物攤（廣東人稱之爲「大排檔」），這些食物攤不僅在路旁設座，而且洗滌杯碗只用一桶水；很快地那桶水已變成污水，而照用不換。看了已使人作嘔。我不知道臺北市的衛生檢查制度是怎樣的；但若有起碼的檢查工作，也不應該容許這樣的食物攤存在。這簡直是針對貧苦市民的健康的威脅，怎能無人過問呢？

這種忽視公眾生活品質的問題，若深一層探究，只怕有嚴重的觀念病在背後作怪。在舊式社會中，「貴賤」的區分是流行觀念；不僅中國如此，印度與某些阿拉伯國家也是如此。人既有「貴賤」之分，於是，共同性的生活品質便常常被忽略；因爲既有些人是「下賤」的，似乎不妨讓他們過骯髒苦惱的生活。改進生活品質，在這種觀念下，便成爲少數人的事。

當然，明顯的「貴賤」之分，在近數十年已經無人能正式堅持了，可是，這種觀念的餘毒，仍在影響某些人的想法。若是我們不覺得市民應該不要有大街踏水之苦，則便不會認爲大街積水是亟待改進的事。若是我們認爲一些勞苦的人既然要上食物攤去進食，便活該受罪，則自然不感到那些污水桶是對文明生活的嘲弄。這裏再推進一步，便要接觸所謂「人權」的問題了。

臺灣近年經濟頗有發展，在某方面的物質生活上似乎可與發展地區相比，因此，許多人便以「臺灣的現代化」自傲。其實，現代社會的某些基本標準，臺灣尙不能滿足。公共建設及公共衛生的落後就是實例。

這些都是「小事」，但除了面對大問題以外，臺灣政府不妨從這些小事着手，作一點踏實的努力。努力如有成果，總是有意義的。

「民選」與「獨立」的觀念糾結

國是會議中，據說最重要的「共同意見」或「共識」是總統及省長的民選。本來，「民選」似乎是一個正常的現代政治觀念，但在臺灣的特殊政治環境下，「總統民選」的主張卻引起許多疑慮和議論。在國是會議以前，已有人將「總統民選」與「臺灣獨立」看成不可分的；而現在國是會議達成了這一點「共識」，反對論調卻反而加強。例如，卽將成立的政治團體「民主基金會」便明白表示他們反對「民選」總統及省長。

一般反對省長民選的理由，大抵在於恐由此使省長比總統更擁有民意基礎；當然，若總統也由民選產生，則這個問題卽不再存在。因此，眞正的癥結仍在對「民選」總統如何看法。倘若總統民選並無斷不可行的理由，則省長民選卽不成爲問題。

然則反對民選總統的人，究竟所持理由何在？這方是必須徹底弄淸楚的關鍵問題。

反對民選總統的論調，當然也可以有不同的措辭及表達方式，但其共同理據，則在於認定臺灣民眾直選總統，結果必引致臺灣獨立。換言之，卽是所謂「國家認同」的問題。至於何以反對臺灣獨立，則可說有理念層面與現實政治層面兩重理由。

理念層的理由，牽涉到有關民族國家、民族感情的價值判斷。這種理由，認眞地說，只能算是與傳統文化比較配合得自然；而未必有明顯無疑的理論確定性。是不是一個民族不能建立兩個國家？是不是在大陸以外的中國人（或華人）必須關懷大陸的中國人的前途？都是可辯論的問題。我對這一層面的問題雖有自己的看法，現在不打算多說下去。我只想指出：由這個層面來看臺灣獨立問題，不易達成「共識」，而且由於這裏牽涉到某種情緒問題，甚至要有冷靜嚴格的討論也相當困難。

但若從現實政治層面看，則反對臺獨可以有相當明確的理由；第一，中共目前統治中國大陸是一事實，而中共決不容見臺灣獨立也是事實。臺灣若因要獨立而引來中共的軍事干涉（如封鎖），則必招致一場大災禍，又是可以預見的政治趨勢。第二，對內而言，臺灣不獨立，則臺籍與大陸籍的居民尚可安然相處，因爲大陸籍的人斷不能眞正排斥臺籍；然而臺灣若獨立了，則大陸籍的人卻很容易陷入恐慌中。這樣，獨立只會加強省籍衝突，甚至演成激烈悲慘的內鬪，也是一種災禍。第三，就正面收穫說，獨立能否獲得國際承認，卻毫無把握。在獨立所造成的內外危機壓力下，臺灣經濟、政治各方面的發展，更看不出樂觀因素何在。

此外，若從理念層面看，臺灣獨立有什麼服人的理據，也難以發現。不過，這一層不必在這裏詳說。總之，專就臺灣獨立問題講，至少在現實政治層面上看，這個主張是不可行的；只見其害，不見其利。

說到這裏，似乎因反對臺灣獨立而反對民選的論調，至少在現實政治層面是可以成立的，其實卻又不是那樣簡單。獨立固是不通之路（這是我近年屢屢說過的），但民選是否必與獨立不可分，又是另一問題。畢竟反民選的理據何在，更值得詳加探析。

首先，我想指出的是：臺灣的「中華民國政府」只能在臺灣及金馬行使權力，也是一個事實。從現實政治層面看，臺灣如要進行任何政治改革，事實上只能就這個權力範圍著眼。民主化必然含有民選政府首長的要求。今日若不談臺灣民主化，主張建立「專政」制度（甚至主張來個「臺灣帝國」的構想），則可以反對民選。現在大家都主張民主化，反對專政，又如何能在原則上反對民選？

而且，究竟反對民選政府首長的人們，主張怎樣產生政府首長，至今還未見有明確說法。如只是主張「委任代表」來選政府首長，則實在不過是選擇一種不徹底的民選制度，很難有說服力。採取不徹底的民選制度，便能確立中華民國政府對大陸的主權嗎？顯然，這又是與現實政治不相符合的空想。

說到這裏，卽涉及所謂「統獨問題」。「統一」和「獨立」一樣，也要受現實政治形勢的限制。今天，中共正在「堅持」他們的原則，要成爲共產主義的最後堡壘；對臺灣，中共只能在所謂「一國兩制」的構想下，將臺灣的政府看成一個「特區」而接納臺灣的「回歸」。臺灣人民若不想接受共產主義的統治（兩制只是表面文章），則「統一」在現實形勢下也無從說起。

遠離政治現實的想法，如何能作爲政治的指導原則？

總而言之，從原則層面看，反民選看不出確定理由。而且反民選的人也提不出另一種合理的選擇。不過，若從技術層面看，則這裏的觀念糾結，未始全無消解之道。

我們扣緊了政治現實說，中華民國政府的首長，不論是否民選，今天總是並不擁有中國大陸的主權；原因是中共事實上統治大陸，而且已獲國際承認。這是一種不愉快的現實，但我們不能不承認。我們若認爲臺灣不應脫離中國，則只能期望大陸能有一個可接受的政治制度，使臺灣能依漸進程序（如由「邦聯」到「聯邦」），在未來時機成熟時與大陸合爲一體。但這裏牽涉到兩面的條件。大陸如不轉向較合理的政治制度，固然不能談「統一」；在臺灣這一面，自己如不能自強，則仍然無法保持什麼「對等地位」與大陸政府（縱使不是共產主義的政府）打交道。而所謂「自強」，自然涉及政治、經濟、文化各方面的進展與成就。現在所謂「民選」問題，事實上卽是政治方面自強的途徑之一。如果臺灣民眾大家都了解獨立之路不可行，則假使民選總統，也不至於就必然走向「臺獨」。如果勉強拒絕民選，則政治民主化突遇障礙，政治自強便成問題；而其影響對經濟及文化的自強的努力都只會是負面的。所以，實行總統民選，是否會有不良後果，是否會導向獨立，其實要看技術上如何安排。我覺得，目前要防止獨立運動的災禍，只能在加強民眾對客觀形勢的了解上努力，而不是靠一些表面的佈置。縱使有一個包含所謂「大陸代表」或「不分區的代表」的國民大會，也並不能建立民眾對政治改革的新信心，並無益於政治的自強。從事全面的自強運動，亟須喚起羣眾社會的活力，消除種種歷史的障礙。在這種情況下，愈是「壁壘一新」，愈能奏效。保全或遷就舊體制，雖似乎可減少痲煩，但也必大大影響效果。至少在技術意義下看，是一種易於失敗的作法。反對民選，在原則上並無可取的理據，在技術上則是減低改革效果的作法。我們若看清楚了此中觀念糾結，則應不難清理出頭緒，找出較可取的選擇。

政治暗潮與民主化退潮

最近臺灣政壇上出現一串奇異的信號，令人察覺政治鬪爭表面雖轉平靜，但事實有一股暗潮正在進展。更不幸的是，這些信號似乎都指向一個可憂的趨勢，卽臺灣民主化運動在步步後退中。

第一件値得注意的，是執政黨內部竟然有由國民大會負責修憲的決定。人人都知道，目前臺灣民主化的主要課題之一，正是所謂「改造國會」問題；而早已不具民意基礎的國大，又恰恰是「改造」的主要對象。上次，「國是會議」中，關於修憲問題雖然未達成實質方面的建議，但至少在形成方面，有強調「民意基礎」的「共識」。現在，國民黨內部卻有這樣一個決定，似乎進一步證實所謂「國是會議」，在當局心目中，確實只是表面的應酬活動，會中討論皆屬空談。

這裏問題的癥結，自然在於政府與國會間的糾結不清的關係。本來，若根本不從事政治改革，則表面上雖有憲法，實際上走專政的老路，不改選的國會用來維持政府的表面合法性，倒是情況簡單。然而，世界既在變，臺灣政治體制不能不變；而變改時期所需要的新觀點、新認識及新的判斷標準，卻都未能建立。於是，處處看見觀念的糾結，造成行動上進退無常的異象。

近來常聽見一種論調，就是引用待改革的法章條文來反駁某些改造建議或主張。這是觀念糾結的最佳實例。譬如談到修憲問題及國民大會的功能問題，大家似乎常常忘記這些問題的發生本由於現行體制有必須改革的情況，反而不時用「是否符合某些條文」作理由，來阻止改革。國民黨在上次「國是會議」中討論修憲問題的代表人馬英九及施啓揚，原本尚能了解大形勢，所以有強調「具有民意基礎」的機構來負責修憲的主張，而且也成爲「國是會議」報告當中的「共識」；可是到了國民黨內部正式討論修憲問題的會議上，施、馬二人的主張竟成了少數意見。林洋港竟會提出讓現有的國大老代表來主持修憲的建議。他的理由不外是認爲這些不具「民意基礎」的國大代表既然已選出了現任的總統及副總統，他們便須繼續執行職權。數月前臺灣反國大的民意狂潮，林洋港似乎已經忘記，或雖未忘記而故意忽視。於是，那些老代表們聞訊狂喜，向林洋港「致敬」，另一面甚至罵馬英九與施啓揚犯了顛覆罪；其得意忘形，令人驚訝。而臺灣幾年來的民主化運動，顯然陷入大退潮的危機。

在這種表面現象下面，自隱藏著政爭的暗潮。就林與李間的關係看，自從出現「兩組競選」問題後，人人都知道雖同是臺籍的政治領袖人物，彼此間卻有對立的情況。林不顧臺灣社會的客觀趨向，而要去向那些爲人詬病的終身代表討好，其用意不難得知。李本身依靠舊有體制而取得今日地位，對於體制改革也似乎缺乏壯士斷臂的決心；面臨林的作法，似乎也難作有力的反應。這個本來可以消解的林李之爭，現在似乎借改革體制的機會反而在漸漸擴大。更重要的是國民黨內保守勢力與開明勢力的衝突，施馬二人變爲少數派，充分顯出「國是會議」後短短期間，國民黨內的政爭暗潮已有新的發展。傾向於民主化及大規模改革的開明分子，似已在被孤立的狀態中。這更是直接顯示民主化運動的退潮了。

本來臺灣民主化運動起自民間。蔣經國氏晚年突然轉向開放，原是個人的決策，而非黨內的共識。國民黨體質未變，卻要在政治強人的領導下改變政治路線。這裏本有一點詭異氣息。當蔣氏匆匆下了幾著棋後即撒手人寰的時候，客觀形勢雖已轉入新階段，國民黨的主觀條件（對於民主化來講），卻未及改進。國民黨中的領導人物，各有打算，對大局並無共識。本年三月以來的種種政治異象，不待再說。現在問題是：幾度風波之後，臺灣民主化運動是否眞要退潮？關心臺灣前途的人都應面對這個歷史的考驗！

「求安」與「求變」的衝突

——關於「社會重建」的討論

最近參加《中國時報》文教基金會主辦的「社會重建研討會」，看了幾篇論文，聽了不少議論，頗有感想。

「重建」這個觀念所以會被提出來，自然由於大家已經有秩序崩解的感覺，否則，不會想到需要「重建」。然則，所謂秩序崩解之感何由而生？其眞相究竟如何？這便是要首先認識清楚的問題。

臺灣自從經濟發展有了某種成果後，社會隨之而變化，亦是當然之事。加上前兩年政治轉向開放，解嚴解禁，社會變化便由此更爲劇烈。原有的生活規範逐漸失效，亦屬無可避免。但這種現象畢竟如何解釋，卻是大可爭論的。至少有兩種極端態度，似乎都言之成理，也似乎頗爲流行。但二者各指向不同視域，頗難相容。

第一種態度可稱爲有保守傾向的態度。持這種態度的人，基本上重視秩序；他們雖不反對改革，然而對改革過程中所引起的一切損失，都甚爲憂慮。特別在既成的秩序崩解時，會抱一種十分悲觀的態度。在他們眼中，近幾年臺灣社會的失序，是一種災難，或至少是一種嚴重危機。如果更極端一點，即可能認爲這種災難或危機原屬可以避免的，因而自覺或不自覺地對臺灣社會的改革運動有一種譴責的心情。當然，這裏也有程度上的差別。因爲對社會失序感到憂慮，便眞正懷念過去而反對改變的人，畢竟是極少數。然而某一種程度的懷舊心情，仍是相當常見的。

另一種態度是傾向急進改革的態度。持這種態度的人士，最極端的便會只肯定變化與改革之無可避免，而忽視當前社會變革過程中一切實際問題。他們會將當前一切困難及病態，均解釋成社會變革的代價。至於我們是否能付得起這種代價，他們反而不予深究了。

以上兩種態度之差異，即表現爲所謂「樂觀派」與「悲觀派」的意向衝突。最近我觀察臺灣社會愈多，愈覺得這種衝突對於形成臺灣前途的共識，有不可忽視的阻礙作用。

共識之形成，原須以客觀實際的了解爲基礎，與宗教的說教、政治的宣傳不同。目前臺灣處境的客觀情況，其實頗爲明顯，例如：臺灣的經濟、政治等體制本來已在急變中，而這種變乃客觀上已成之勢，不能倒轉。這是明顯事實。臺灣在變中，自必有脫節脫序的現象，這也是不難了解的。但脫節脫序終是病態而非常態，我們雖可說這些病的出現難以避免，卻並不能由此而推斷這些病不須治療；於是，我們一方面固然不必認爲臺灣的種種脫序現象便表示「末日」來臨，另一方面卻也不能用「過渡時期的必然現象」之類的話題輕輕將問題抹殺。就像兒童成長過程中自然「不免」害病，然而我們若因爲兒童害病不足爲奇便不給兒童治病，則兒童一樣會殘廢或死亡的。我們倘若在這種理論分際上有明顯認識，則形成共識應該並無基本困難。

但事實上，對現狀不滿而衍生的反應每每甚爲強烈，足使人不能冷靜思考，於是乎「求安」爲主的社會心態形成，隱隱然排拒改革的價值；另一面，「求變」的心態則從往日的抗爭傳統生出，與許多外在因素會合，也表現出近乎封閉的思想趨勢，要極力壓低社會病態的重要性，使治病似乎成爲許多人忌諱的事。這兩種衝突的意向，最初只是「心理事實」，本與客觀外在環境中的實質問題不屬於同一層面；可是「心理事實」本身一經存在，便在事實領域中發揮其影響，於是，它在實質問題上面又加蓋了一層新的問題；而就是這一層問題最妨礙共識的成立。

不久以前，我在《九十年代》月刊上看見翁松燃先生與蘇曉康的談話紀錄。蘇顯然對臺灣「民主化」的現況甚爲憂慮，認爲足以動搖中國「民主化」的信心。對臺灣之「亂」最有反感。翁則強調各國「民主化」過程中皆不免有「亂」的現象。這兩人的論調恰好相應於我上面所說的兩種心態及意向，其衝突也非常清楚。翁與蘇皆是旁觀身分，尙且如此，臺灣的局內人更不待說了。這種意向衝突如不能清楚解釋，則重建秩序的要求便很難落實，因爲難有共識作基礎。

兩種犯罪問題

最近臺灣不斷發生警界人員涉嫌犯罪的新聞，使我有一些感想。

無論那一個行業，總不免有所謂「良莠不齊」的現象。因此，警察機關有工作人員犯罪，原不值得驚詫。不過，社會積習影響下，每每對犯罪問題的認識有朦朧偏執之病。這就比那些個別事件本身更值得注意。

民眾或一般人的犯罪，與制裁犯罪的工作人員利用制裁行動而犯罪，是兩種極不相同的情況。前者所涉問題較簡單，處理的原則不過是「有罪者當受罰」而已。後者則牽涉一些複雜的社會心理問題、習俗問題等等，常會造成社會的暗病，而大家仍不發覺。

即以最近高雄港警錢皆與犯罪的個案而論，錢自己是負責執法的警員，而有犯罪的事實；他之應受制裁，自無疑問。雖然錢皆與在被捕後，自己辯護說他雖與搶刼犯在一起，並未參加搶刼犯云云，但即以攜械私逃，又交納盜匪而論，已是明顯地犯罪。值得注意的是：

錢皆與在被捕之前，曾投函報紙，敍述港警所內部貪污情事；而被捕之後，又抗訴說曾受主管人員何某虐待，以致要私逃。這些指述是否屬實，卻不能不加查問。錢皆與之犯罪是一事，他指控的人們是否別有犯罪事實，則是另一事。但據近日報導，高雄港警所長程國琳，對錢皆與所指控的一切，只是簡單否認，似乎並無意追究。高層有關機構，若也採取程某這種態度，則卽是一大錯誤了。

本來有一種常識的錯誤想法，甚爲流行；卽是將形式意義的思維規則，誤用在事理內容的判斷。否定之否定轉爲肯定，在邏輯數學的推演上，是二價系統的基本規則。然而用於內容的判斷，則謬誤百出。甲是乙的敵人，丙是甲的敵人，並不能推出丙與乙相同。落到犯罪問題上來說，犯罪者所指摘的對象，並非一定不是犯罪者。錢皆與携械私逃是犯罪；他所指摘的人們是否犯罪，卻須另作調查。不能認爲犯罪者所指摘或仇視的人便一定是「好人」。

我一向不贊成縱容犯罪者，或特別對犯罪者取「仁慈」的態度；那對於被罪犯所害的人是極大的不公平。因此，這次警方及上級當局若嚴辦錢皆與，我覺得並無可反對之處；但若將錢皆與與所指控的貪污及虐待問題置而不問，卻反有縱容另一種罪行的嫌疑。

關於制裁犯罪者自身的犯罪，另一類常見的例子，卽是警察抓賭場罪犯，而順便吞沒了賭場的賭博款項。類似的情況可能包括逮捕某些富有的罪犯時，侵奪罪犯的財物等等。最近在掃蕩黑社會匪徒勢力的行動中，接連出現了兩次所謂「滿天星金錶」的事件，便是這種「執法者犯罪」的具體實例。每當這種不榮譽的事發生，而且成爲公開新聞的時候，主管機關照例一再申明要「嚴辦」。然而，眞正的問題並不能由懲辦一二人員而解決。社會的、體制的或政風方面的病態現象，本身是一客觀存在。不能針對客觀上的不正常的情況尋求改進之道，則如上面所談的各種犯罪問題仍會不斷出現。事後懲辦，固然是必須有的作法；但總與防止犯罪不能混爲一談。而對於社會或居民來講，使種種犯罪現象減少，方能增進他們的安全福利；僅僅在事後懲罰一些人，並無積極作用。

回到錢皆與案來說，港警所的所長業已調職，可算是一種處分；此外，或許尙會進一步懲辦某些有關人員。但錢所指控的種種「黑幕」，是否眞有其事？對這種積弊如果不予深究，則大環境不改變，像錢皆與這種事還會繼續發生。而眞正可憂的問題，正在這裏。

犯罪現象常常是很複雜的。社會病態，千頭萬緒，糾結重重，原不是「好人對壞人」那樣簡單。臺灣當局既然集中力量要消除犯罪，便不可以只顧表面的一層。由制裁犯罪而引生的另一種犯罪，或造成犯罪現象的另一層犯罪事實，都不可以忽視。否則，捉到一兩個要犯，並無補於全局的改善。

關於「第三黨」

人事變遷，遲速難定。有些現象歷久不改，眞是「數十年如一日」；另一些事卻又變得太快，令人有瞬息滄桑之感。三、五年前，關心臺灣政局的人，都注意臺灣能否出現一個反對黨，換句話說，卽是注視「第二黨」的產生。正因爲大家的注意力集中在這一點上，所以，民進黨成立，蔣經國逝世之後，臺灣政治前途在許多人眼中，都顯得希望無窮。然而兩年過去，「兩大黨」的表現江河日下；昔日的殷切期望化爲沮喪之情，於是，「第三黨」的構想又漸漸浮現了。

但談論「第三黨」的人雖不少，正式探究這個問題的文字卻不多見。我看到的只是朱高正先生的一篇文章而已。朱文偏重在檢討方面，旣檢討他自己往日的作風，也檢討國民黨及民進黨雙方的種種失策之處。文末雖提出他自己的構想，述及新政黨或「第三黨」應具備的條件，卻未對客觀現實形勢作詳細析論。

事實上，若要認眞討論「第三黨」的問題，我覺得應該分兩個層面來看。第一個層面是正反理據問題，第二個層面是可能性高低問題。

就理據問題看，朱高正先生所提出的「多一個選擇」，可算是正面理據之一，不過不像是很強的理據。目前凡希望出現「第三黨」的人，大抵都因爲他們盼望有一個可信賴的政治勢力，來保障個人及社會的前景，而不是爲增加選擇可能而已。如果我們可以從兩黨的負面表現吸收經驗，清理出它們所以使社會人士失望或喪失信心的確切原因，然後對症下藥，尋找出一種新路線，方能建立支持這個「第三黨」計畫的正面理據，因爲，倘不能如此，則可能所謂「第三黨」結果不過是國民黨或民進黨的複製品，我們便很難使人相信有正面的理由來建立一個新黨了。

進一步說，排除「複製品」的可能，亦足以消解大部份的反面理據，因爲，反對建立第三黨的人，所持理由大致都與這個「複製品」觀念有關。若眞能淘洗兩黨的錯誤而建新黨，則似乎很難有正當而明確的反對理由。

當然以上所說只是一種預備性的原則；畢竟這個「新路線」有甚麼具體內容，尙待有心建立「第三黨」的人士努力硏討。至於我自己在這一點上雖有些看法，現在不打算多說。

其次，就可能性問題看，則著眼點完全不同。理據的建立是屬於自己的活動方向的事；

可能性則屬於客觀形勢或條件。就這個層面看，我覺得目前臺灣的客觀形勢下，最大可能不似是「第三黨」出現，而似乎是要走入一個奇異的循環變化的局面；即是：「兩黨」走向「四黨」，再由「四黨」回向「兩黨」。

所謂「四黨」，而不待多說，是指「兩黨」各自分裂而言。而這個分裂的趨勢也顯而易見。民進黨的「新潮流派」與「美麗島派」，到目前為止，全無可以「整合」的迹象，而且在海外獲得特許而將返臺的老資格反對派人物，倘返臺後積極參與政治活動，則民進黨將愈難有一元化的領導中心。這樣的形勢下，民進黨內部分裂的表面化，只是時間早晚問題。換言之，反對黨至少要經過「一分為二」的階段。

國民黨方面，最近有所謂「三元化」的傳說，這種看法或許有「惡謔」的成分。但國民黨中有一個「革新派」的勢力在醞釀中，恐怕很難否認。省籍意識之類的因素，雖在短期中仍有很大影響力，但長期來看，承繼傳統或維護傳統的勢力，與要求擺脫傳統而脫胎換骨的勢力，自然地形成一種互相排斥的形勢。這就標示出未來的國民黨「一分為二」也很難避免。

在兩個最大的政治勢力都有「一分為二」的趨勢時，除非有極特殊的人物及時機，否則「第三黨」頗難出現；因為一切離心的因素，都將會被吸入到這個分裂趨勢中。至少就人的資源講，「第三黨」在這種形勢下，可用的資源甚少。

但分裂必蘊含爭鬬，爭鬬結果則「四」將再化爲「二」，但那就與「第三」無關了。當然這只是就可能性說。若就願望一面說，我個人倒希望有「第三黨」出現。只是冷靜觀察時，發覺這個希望很難實現而已。

切勿墮入虛幻希望的陷阱

「虛幻」這個詞語，如果詳細解釋，可能牽涉很多麻煩的理論問題；但我現在要談的「虛幻希望」，是專就政治主張這個範圍講，因此涵義便很簡單。凡是實際上不可行的政治主張，便具有一種虛幻性。

所謂「不可行」，自然指缺乏可行的基本條件而言。一種政治主張在推行中會遭遇多少困難，以及這些困難如何克服，本來不是完全可以預見的；因之，有些人爲某種實不可行的政治主張辯護的時候，每每利用這種理由來沖淡其虛幻性。譬如說，某些存在的情況未來「很可能有變化」之類的說法，便是我們常常聽見的議論。然而，一種政治主張，在實現方面的基本條件，卻是現實政治問題的樞紐所在。一味談邏輯的可能，而不面對現存的經驗事實的限制，則是不解現實政治而已。除非談某種政治主張的人，根本只是在發「閒議論」，否則，眞正嚴肅地提出一種主張的人，自己也必定將實現的基本條件先考慮過，不然，也就不是思考成熟的主張了。

上面談的對虛幻性本身的了解，固然很重要，但還不是我現在要特別強調的論點。我現在要說明的，是虛幻的政治主張的危險性。人沈溺於一種虛幻的政治主張時，極容易將自己與實際世界隔離；由此會生出種種可怕的後果。爲了點明這種危險性，所以我標出「陷阱」一詞。人爲虛幻的政治主張所籠罩時，便如墜入陷阱，難以自拔。而這正是我最近觀察臺灣政局的新感想。

近來臺灣政治方面最嚴重的爭論，在於所謂「統獨問題」。如果不涉及現實政治層面，只從基本觀念看，似乎雙方都有容易使人同情的理由。例如談統一的人，可訴諸民族感情，可提出文化意義的「中國人」概念，來表明所謂中國統一的必要性。談獨立的人，則可以強調反極權統治的重要性，強調獨立最能徹底擺脫中共。另一方面又可以鼓吹臺灣人自決自主，來博取本地人的同情。事實上，這種種論調都流行已久，不用多解釋。然而，我們若是扣緊現實政治來看，則這兩種主張，都有很明確的虛幻性，因爲都缺乏可行的基本條件。

「臺獨」主張之不可行，簡單說，在於實現這個主張時，客觀上會引發極嚴重的衝突及破壞。而臺灣承受不起這種歷程的壓力。這可以分別就內與外兩方面說。就內部而論，臺灣居民事實上有一大部分對獨立運動並無熱烈擁護的心理傾向；而且從既成的各種勢力集團方面視察，則反臺獨的勢力甚大。換言之，內部並無團結一致走向獨立的客觀形勢。目前如民進黨中講「新國家」的一派，事實上是提出一種「革命路線」（不論自覺或不自覺），而臺灣禁不起革命的大破壞，又是客觀限制。所以，就內部的現實情況看，獨立的基本條件並不具備。再就外界看，獨立是中共斷不能容忍的事。中共現在內部困難重重本來無力用武力解決「臺灣問題」；但若臺灣走向獨立，便是逼中共攤牌。中共要制止臺灣獨立，只消宣佈封鎖，臺灣便將陷入極大的困難局面。國際上對這種困難，決無可以信賴的支持。那時候，臺灣本身的生存就將成爲問題。除非臺獨運動者對這種不可免的後果另有應付之策，否則談臺獨便只是虛幻的主張。

再就所謂「統派」的主張看，在現實政治層面上，中共強調統一是很自然的事；因爲中共自「建國」以來，一直不能「肅清」這一股反共（或至少非共）的勢力，但就臺灣而論，若目前走向統一，事實上卽是接受中共統治。臺灣人不願接受這種統治，又是事實；除非中共制度完全瓦解，中國大陸上另換上一種局面，否則，面對中共來談統一中國，而又期望中共統治不致影響臺灣，則是完全脫離現實的幻想。統一的基本條件是中國大陸有民主化的政府，但這個條件事實上不存在，而且不知何時出現。

談統談獨，都是充滿虛幻性的主張。如果某些政客只是運用這些口號來愚弄羣眾，那又是另一回事。倘若眞正不顧政治現實，一味沉溺在這種種虛幻主張中，則是墮入陷阱，走向危地而不自知。至於由於在虛幻中生活，因而忽視了當前應作正面努力的事，則更不待詳說了。

從心理學角度看，脫離實際是一種精神病徵候，但願臺灣人不要墮入一種集體的精神病狀態。而這裏的關鍵便在於人們能否看清楚虛幻的與實際的分別。

統獨再角力，何時求自強

國民黨最近似乎自己走入一大串矛盾的網羅；其行動愈來愈使人不解。在大張旗鼓地舉行「國是會議」後，卻由黨內一個研究改革的委員會，接連提出非常保守的建議，使「國是會議」的總報告中的「結論」（「共識」）一步步落空；外交上連連遭受挫折，飽嘗中共的壓力之際，卻又成立「國家統一委員會」高呼「統一」，又通過亞運在臺灣展開一套取悅北京的宣傳；臺灣內部政治經濟的難題都已經呈現出來，而雙十節的活動卻又以「統一」為主題。這種種現象合起來，給人一個總印象，即是——臺灣當局只熱心於談無法著手的「統一」，對於目前臺灣的實際問題反而不關心，這是更大的「不可解」。執政黨既是如此行動乖謬，反對黨也就來一個所謂「反彈」；於是民進黨在他們的黨大會中便提出對「事實主權」的聲明，指出臺灣主權不及於大陸及外蒙，遙遙指向臺灣獨立的要求。

這種日趨激烈化的統獨衝突，又引出兩黨內部離心問題。在民進黨方面，即是康寧祥對所謂「國統會」的態度。

民進黨上次在「國是會議」中，所採取的手法是談判與交易，而避免全面抗拒的姿態。但在「國是會議」的結論逐步被當局掛空之後，民進黨內部「新潮流派」，顯然大爲不滿。他們在「國是會議」舉行前，接受了張俊宏等當權派的主張，暫時收斂臺獨姿態，讓張俊宏去爭取「總統民選」的結論，原是一種臨時性的策略。他們基本上不能放棄臺灣獨立的大路線，不過當時被張俊宏的「執政」理論說服（依張的說法，總統民選如能實施，則是民進黨最可能的執政之路），所以暫作退讓而已。

等到會後國民黨對修憲的主張逐漸透露，竟是步步趨向於保守原狀，新潮流派人士已經大感憤怒，於是當國民黨又宣布成立「國家統一委員會」，他們自然要乘機高張臺獨運動旗幟，發動黨內外的鬪爭了。美麗島派的黃信介，最初顯然並無準備，因此在籌備「國統會」的座談中，黃便爲了應允出席，引起民進黨內的抨擊。黃趕快調整自己的姿態，表示「國統會」必須改名，否則民進黨不能接受。另一面，新潮流派大力活動，終有十月三日的決議，對「國家統一委員會」採取杯葛態度。這可以說是主張臺灣獨立的「新潮流派」在民進黨內取得主導地位的表現，與「國是會議」期間「美麗島派」之掌握主導地位相映成趣。然而，民進黨內自有種種不穩因素。康寧祥作爲元老人物，卻在這個關鍵時刻，表示自己會接受李登輝的邀請，參加國統會，便是一個明顯的實例。

依常理說，康寧祥既是民進黨中央的顧問，具有黨員身分，則不應有違反民進黨中央決議而作「個人選擇」之理——除非是打算退出民進黨。但康寧祥對於「國統會」的態度一開始卽與民進黨的路線不合。他這種個人的選擇，確實有個人的理由。近兩年，康寧祥的政治影響力顯然在衰退中。尤其不久以前，他辦的《首都早報》突然停刊，他與支持者之間關係惡化，更顯示出他陷入逆境。這次，「國統會」以極保守的姿態出現，他這個老反對派竟然決意參加，原因卽在於他想在逆境中另求政治出路。他曾在報端發表一文，自己解釋自己的態度，內容牽強混亂，令人失笑。另一面他又與黃信介作私人商談，表示願意先等黃與國民黨協商「改名」，都使人覺得他種種姿態朦朧。當然，國民黨既拒絕「改名」，黃信介的建議已成過去。民進黨之反對「國統會」及康之參加，都已不成問題。而康這次的舉動，可說在朱高正宣布要另組第三黨之後，代表民進黨內的離心傾向。

但不論有多少離心分子，民進黨內的「新潮流派」及其所代表的臺獨路線，正在擡頭，則是事實。另一面，國民黨大張旗鼓要談「統一」，也是事實。於是統獨路線間之角力，又在島內要重新展開了。

就國民黨方面說，雖然未見有像民進黨康寧祥這樣的離心分子，卻有一個保守勢力的集團：它與以李登輝爲中心的當權勢力始終忽離忽合；而由此所造成的內部緊張形勢，屢屢使得李登輝在改革運動方面退讓或妥協。這又進一步使一些傾向改革的黨幹部失望，醞釀另一種離心趨勢。卽以這次「國統會」而論，該會以保守勢力爲中心，便有引起中下層幹部反感的迹象。

表面上，這次統獨角力的場面，看來似乎簡單。國民黨取「統」的立場，民進黨取「獨」的立場。但事實上，民進黨有康寧祥去參加「國統會」；明確背離黨的決策；國民黨內部也並非「一心一德」。這就使形勢變得頗爲複雜難測。

如果踏實地考慮臺灣現狀，所謂「統一」或「獨立」實在都是無法著手的事。「統一」的主導權目前落在中共方面，國民黨若不願「投降」（蔣彥士語），則「統一」無從說起。「獨立」則中共不能容忍，島內亦非同心支持。根本連冒險一試的條件也尙未具備，談來談去，徒增紛擾。可是臺灣朝野似乎都偏偏要在這個問題來一場內爭，對於臺灣實際亟需改善的種種現況，反而視爲次要。眞是一件令人難解的事。

四十年來，臺灣本就是既不能獨立，也不能統一中國，但這並不妨礙臺灣內部某些自強的努力。現在，經濟發展問題需要新策劃；政治體制等待改革；羣眾信心亟需建立。兩大黨幾時方能拋開虛幻的「統獨之爭」，來全力推動臺灣的自強、求實際的進步呢？

「統」「獨」均是空喊的口號

——臺灣政治新僵局

一九九○年的臺灣政局，本已是「多事之秋」；從要求體制改革的三月學運到非驢非馬的「國是會議」，從總統選舉之爭執到軍人組閣，每一件事都造成社會的不安，也都影響了臺灣對外的政治形象。然而，要說眞正可憂慮的現象，以上所說種種事件，尙不如最近統獨衝突新趨勢之嚴重。這個趨勢已經造成臺灣政治的一個新僵局。

關於兩黨的統獨之爭，我已有文章討論過。現在則要對這個僵局稍作觀察。

統獨之爭，最近的具體發展是——國民黨方面匆匆建立掌握決策權的「國家統一委員會」，表示出李登輝政府強烈反對臺灣獨立的立場；另一面，民進黨則在他們的大會中通過所謂「事實主權」的議案，堅決宣布反對國民黨對大陸主權的要求。換言之，即是通過「事實」的觀念來重新闡述並肯定臺灣獨立的主張，結果形成明確對立。

說這種對立造成臺灣政治的僵局，意思是這種對立形勢使人看不出發展方向，而只有迫使雙方互相阻礙，結果使臺灣的革新活動停頓不前。

這可以從兩方面分別解釋。

第一、就所謂「統一」運動來看。客觀地講，歷來強調「統一」的論調，總是出自一個已經統治了國家大部地區的「中央政府」。對於所剩下的未能建立統治的地區，這個「中央政府」例必強調「統一」——意思卽是要將這個地區收到它的統治之下。因此，我們可以說，中共的強調「統一」是當然之事，但臺灣高唱「統一」論調，便令人難以理解。臺灣的勢力範圍，稱為「南朝」或「偏安」尚嫌太小；如何能將「統一」看作一個政治目標？

從前蔣氏父子的政治立場，是以專政對抗專政，以黨性強烈的「中華民國」對抗黨性更強的「中華人民共和國」。基本形勢是軍事性的敵我對峙，雖然所謂「反攻大陸」，事實上幾無可能，但至少立場清楚。現在，臺灣走入政治經濟改革的階段，對於大陸的中共政權，只能取一種長期競賽的態度，希望由成績來爭取民眾的傾向。眼前的急務顯然只能落在擴大或加強競爭的籌碼上。

這裏一個最重要的因素，卽是要保持自主的能力，不能造成任何受大陸牽制的形勢。可是，若今日強調「統一」，則處處考慮大陸的政策及意向，只會削減自主能力。這一點在當政者也不會全無了解；於是「統一」的要求如何能不礙自主性，便成了棘手問題。

現在，李登輝的政府明顯地要以「統一」爲中華民國的政策方向，卻又不能放手去做任何積極推動「統一」的事；因爲，在目前情況下，這一類事不可避免地涉及對中共的遷就，甚至依賴，必然妨礙臺灣的自主地位。另一方面，「統一」這個口號已經喊了很久，今日又成立「國統會」這個專責機構，弄得退亦不可。倘若臺灣各方政治勢力能事前詳察環境，判明得失，知己知彼，而形成一種力求自強以待未來發展機會的共識，則臺灣人原可以撇開這些空洞的立場問題而踏實從事建設性的努力。現在，蔣經國身後政局經過一番擾攘，卻成爲空喊「統一」而無法用力的奇異情況。「統一」的路線由官方確立了，但進既不能、退亦不可。此之謂「政治僵局」。

這是就國民黨及「統一路線」說。若看「獨派」一面，則也是陷於一個僵局。所謂「僵局」乃是進退兩難之意。民進黨基本上屬於臺灣本地的勢力，這一點毋庸諱言，也無法否認。臺灣本地人的社羣基本上對所謂「中國」缺乏明確的認同感，尤其在國民黨失敗於大陸之後，來統治臺灣的期間，民間對政府未養成信心，反而日益充滿反感。由此，臺灣本地社羣遠在五〇年代便已有「獨立運動」的傾向。隨著臺灣經濟的發展，臺灣社會力量逐漸擡頭：「獨立」的意識也隨之上升。民進黨既以本地勢力爲根基，則其傾向獨立路線，可說是勢所必然。

但是，某個政治勢力在客觀形勢下被迫採取的主張，卻未必是客觀上可行的主張。這種歧異性每每是許多政治悲劇的根源。不幸地，現在民進黨似乎正在走入這樣一個悲劇的情境。

所謂「臺灣獨立」，姑不論在理論上是否有良好理由，事實上全無實現的條件。不論臺灣人是否聲稱對大陸有「主權」，這種「關門立國號」的議論，對世界並無大影響。從國際觀點看，今天是中共政府代表「中國」，握有聯合國安理會的常任理事國席位；臺灣則是一個區域性的政治勢力，是一個不接受「中國」政府統治的特殊地區。中共堅決反對臺灣獨立，又是不待言明了。在這樣的情況下，臺灣要獨立，即將面臨與中共的攤牌，而又得不到實質的國際支持。

再就內部而論，臺灣本地人固然佔大多數，但臺灣外省籍社羣的勢力仍然不可輕視。說到「獨立」，則不僅外省人多半反對，本地人也並非全部贊成。換言之，「獨立」的要求也並非有內部的一致支持。對內外因素作冷靜計算之後，很明顯地可以看出來，「獨立」事實上是「不通之路」。

民進黨人士似乎為了對抗「統一」路線，近來有意高喊有「獨立」意味的口號。但這又是無從努力的空話。

「統一」與「獨立」目前都無法著手進行，但臺灣朝野卻各自大喊口號，陷入僵局。實際的努力反被忽視。這種情況如果繼續下去，只會使政治籌碼愈來愈少；那時「統獨」雙方不過同歸失敗而已。

新現象舊觀念

政治原是羣體性的活動。政治人物組成各種大小集團，也是自然應有之事。然而中國傳統的舊觀念，卻不以「朋黨」爲然。士大夫結黨，常常被視爲一種罪狀。這種舊觀念落到「革命專政」的體制及思想上，卻是一拍卽合；因之，現代的中國雖然在許多方面都已經遠離傳統，但在這一點上卻是不改古風。

若從觀念制度兩層面著眼來看這個傳統觀念，則很顯然的是反對「朋黨」或「派系」的想法，基本上是集權專制思想與其相應的制度的產物。君主專制思想自然最反對「人主之權」受到限制；此所以法家的韓非，一定要主張人君禁止人臣培養勢力。而就制度的運作說，君主專制的政治制度，在原則上要依靠權力的單一化，否則運作卽有困難。要維持君主專制，便不能不厲行集權。

近代政治上的「革命專政」潮流，雖都借某種理想或主義來肯定自身，與原始的專制似乎不同。然而其必須強調集權則是一樣。中共的「革命專政」至今未改；數十年來為打擊所謂派系的勢力，曾有種種黨內鬪爭。而國民黨當年「改組」之後，原也走「以俄為師」的「革命專政」路線，因此，「黨外無黨，黨內無派」成了一個官方的格言式口號。近幾年，國民黨雖在步步放棄「革命專政」，這種舊觀念的影響力，事實上卻仍然很強。最近，曾在國民黨中一度居於顯赫地位的關中，在失意後組織「民主基金會」，竟造成國民黨內極大的不安；其理由卽在於許多要人仍以專制或專政的心態來看這種集會結社的問題。他們取反朋黨的傳統，對所謂「派系勢力」深懷疑懼，於是，一個由國民黨人士組織的團體成立，似乎成了一個「政治危機」。

事實，臺灣既已標榜「民主化」，事實上又已經解嚴解禁，承認了政治上的反對黨，則對於政治組織或團體的功能，應從一個新角度來了解，不應仍取舊觀念為判斷根據。在民主政治體制下，原不要權力的單一化。多元的政治勢力可作為多元的社會利益的代表。這樣正可收「制衡」之效。只要大家遵守最基本的遊戲規則，一切對立或衝突都可以納入一個形式秩序中以求調適，也不會妨害整個制度的運作。目前，臺灣政治既已不是一個革命政體的專制，則不能再強調一元領導的必要。

卽就黨內而言。制衡依然是民主化的必要條件。「黨內無派」對保持絕對的領導權可能有意義，對於國民黨最近所宣說的「黨內民主化」則全無意義。

說到這裏，有一個很平常的理論問題，應該提到，那就是：民主政治的基本功能並不是要實現「最好」，而是要防止「最壞」。制衡的制度安排目的便在於使最壞的事極難發生。因爲，最壞的事一定要靠某種完全不受限制的絕對權力方能出現；若並無這種權力來推動，則這種事必受到多元勢力中某種勢力的抗拒。舉最近的實例說，中共在中國大陸所以能弄出「文化大革命」那樣的荒謬的慘劇，完全由於有一個被神化的領袖毛澤東在掌握絕對權力。若毛澤東的權力受到起碼的制衡機構的限制，則那場慘劇決不能延長十年，造成大禍。迷信最高權力的「英明領導」，因而反對一切制衡的勢力的形成，原是革命專政思潮下的陰暗心態。中共至今未擺脫這種陰暗心態。臺灣既然走向民主化，絕不可讓這種心態存在。

關中的「基金會」已成爲政治爭議的新話題。我與此人根本不曾識面，對這個「基金會」的計畫及目的，也尙無所知。但在大原則上看，則我覺得國民黨的高層人士對這件事不應採取疑懼及排斥的態度。無論就黨內或整個臺灣社會說，多一些制衡的力量，對未來民主政治軌道的確立，都應該有正面作用。問題只在於一個團體是否會違背遊戲規則，而成爲特權勢力而已。但防止這種問題發生，也須另有用力之道，不能訴於「黨內無派」的口號。以舊觀念來看新現象，結果常會造成更多的衝突及損失。

執政者自己抹黑臉？

——從彩劵發行到保釣行動的自汚與自毀

人類每每有一種與自己作對的蒙昧心理，輕則染汚自己的形象，重則毀壞自己的基業或前途。旁觀者常只能歎息一番，認爲自作自受。但在政治生活領域，如果一個政府或一個執政的大黨也有自汚甚至自毀的傾向，則受影響的卽可能是千千萬萬的羣眾；其災禍性不容忽視，不是「自作自受」一語可以了事。

國民黨爲主的臺灣政府，不幸近來有許多作爲，皆有濃厚的自汚的色彩。倘不能早日警覺，早求改正之道，則積之既久，便不難造成自毀的惡果。

就人人皆知的實例說，釣魚臺事件與愛心彩劵問題，都明顯表現出當局人物似乎在塗黑自己。

釣魚臺問題並非最近發生的新問題，而是存在已久的懸案。日本通過接收琉球而侵佔這個小島，也是人所共知的事實。中國自無放棄主權之理。但面對既成事實，究竟採取什麼行動才能有效地收回主權，卻是一個涉及客觀形勢的問題，不是憑熱情可以解決。就形勢而論，當年「保釣運動」興起時，臺灣政府尚未與美國斷交，仍掌有聯合國的席位；若說從「外交途徑」尋求解決，則當時客觀形勢尚屬可爲。而且日本國力當時尚不如今日，倘臺灣要派軍隊佔領釣魚臺，日本大約很難阻止。然而，其時臺灣政府態度軟弱異常，徒使海外知識分子大失所望，反導致「保釣運動」爲親共勢力所用。儘管中共也不能採取有效行動，以滿足中國人的期望，但對臺灣而言，整個事件是一失敗。現在國際形勢改變已久，大陸與臺灣都充滿內部問題。此時爭釣魚臺主權，分明全不見有可行之計。尤其郝柏村以主持行政院的身分來表示態度時，竟強調要通過「外交途徑」來求解決云云，似乎更是和自己開玩笑。今日臺灣與日本並無外交關係，如何能談判這個主權問題？日本若眞同意談判釣魚臺問題，勢必找北京談判。難道這就是郝柏村的主張嗎？

中共經濟一團糟，政治上又還在逆勢而行。外表勉強維持，內部危機四伏，怎會在這時候惹麻煩？臺灣自身無力收回釣魚臺，而且連抵制日貨之類的行動都不敢採取；忽然派船送聖火，有何意義？結果徒受日人欺辱，原是可以預見的事。而多此一舉，只會破壞臺灣自己的形象，使人覺得當局人物行動可笑。

釣魚臺問題牽涉甚廣。若逼得緊，中共會提出什麼「共同開發」之類的奇怪原則，去和日本求妥協，臺灣大概只能表示反對而已。若作爲懸案，以待將來機會，或反有希望。像這次的舉動，不宜再來。另一件純屬內部政策的彩券問題爲何也弄得政府形象大壞，則更難理解。發行彩券來籌集社會福利經費，本來無迫切需要。兩個月前政府匆促作出這個決定，全無必要性。這件事的利弊儘可從容地研究清楚。然而，當局人士的作法卻是第一步匆匆推出這個計畫，而且不理會反對意見。第二步突然在辦了兩期後就宣佈要取消；對於這樣突然停辦所引發的種種損失，悍然不顧，使社會添了一項震盪。最可怪的是：第三步又由行政院長郝柏村裁定臺北市的彩券延長到十二月爲止，然後再定存廢。將這件事擺到一個不生不死的古怪情況中，使所有承辦機關無所適從；而同時禁止其他縣市辦彩券，益發令人有難以了解的感覺。

禁止彩券的理由，據說是爲了防止賭風。其實臺灣成爲「賭博之島」，早已世界聞名；其所以會如此，自有其財經制度及社會心態方面的根源，與彩券並無必然關係。美加皆發行彩券，也常常有熱鬧場面，卻並未引起什麼社會危機。臺灣當局何以事前對這種明顯的後果不能預見，事後又相驚伯有，將爭購彩券這種小事看成了不得了的問題？最可怪的是：何以最後又要保留、而且只暫時保留？政府當眞是如此無能嗎？雖然眞是內部意見相持不下，也不必這樣抹黑自己的臉。難道連這是一種損失也不明白嗎？

解咒與立法

解咒與立法

對於歐洲傳統來講，現代文化之興起，便有一種「解咒」（disenchantment）的現象。目的論的世界觀漸漸在社會中消失。對於中國傳統來講，文化改革的狂潮，也似乎有一種「解咒」作用。傳統的規範逐漸進入脫力狀態。倘若將「解咒」這個詞語作較廣義的使用，則我們今天觀察馬列主義運動的歷史和現況，也可以說，這近十多年中，馬列主義運動的「解咒」也已經到來，因爲在所謂「共產主義世界」中，對馬列主義的熱烈信仰分明已成往事，我們只看見各種不同的改革要求；至於某些知識分子談「新馬克斯主義」，則屬於「安樂椅中的高談」，完全是另一回事。

關於「解咒」的理論爭執也很多。例如，說「解咒」時是不是含有一種價值判斷？它究竟暗示一種「破滅」，抑或是意味著一種「解放」？至於某一個學者（如韋伯）如何使用這個詞語，則又涉及所謂「詮釋問題」了。但我現在不想談這些爭議，我所注意的是：「解咒」現象的一般後果是什麼？

不論「解咒」是指信仰破滅或思想解放，「解咒」總表示已有規範的失效。規範是人類生活的規範：某些規範失效了，但人類還是要繼續生活。這樣，我們很容易看出來，「解咒」之後，一般的需要必是新的規則的建立。與「解咒」對照而言，我們不妨稱之為「立法」。

當然，這裏所謂「立」與「解」，都不是指什麼個人的權威決定，而是指一社會的文化取向而言。但個人在這類文化演變的階段中，也不能全不負責任；反之，一定得有自覺的選擇及參與。堅信所謂「方法論的社會主義」的人們，或許不以為然，或許又要大講制度的決定力而否定個人活動的重要性；但我們如果眞探究過所謂「方法論的個體主義」與「方法論的社會主義」的理論結構，便會明白，正像丹陀（A. C. Danto）所析證的那樣，這兩種理論在邏輯結構上完全相似，其邏輯根據與邏輯困難恰好對消。換言之，理論內部的穩定性幾乎相等。至於與歷史實際的相應問題，則更是兩者都無法被徹底否定。「社會事實」與「社會實在」固然不能取消，個人意願及活動也同樣不能從歷史中排斥。談個人責任或個人志願並無可譏議之處，面對「解咒」與「方法」的問題，我們會發現一條思考線索，可供個人作選擇時的參考。你可以偏重「解」，但應當見到「立」的重要性：你也可以全力從事「立」的活動，但也要明白「解」的歷史意義。即以臺灣而論，政治經濟的急遽變化，在近年的臺灣社會中也生出了小型的「解咒」現象；然而與「解咒」不可分的「立法」要求，卻似乎爲人所忽略。大家只覺得不受約束很好，而忘記無任何規則時，人們無法生活。這裏便有嚴重問題。

我們要注意的是：失效的規範每每遺留許多負面因素，對社會無益有害，因此，「解咒」時也要有清除餘毒的工作。不過，畢竟更重要的是新規則的尋求。必須眞正在這一步工作上有了成果，所謂「進步」方有實際意義。

臺灣已有了「解咒現象」，現在需要面對「立法問題」。我今後在「隨筆」中便會時時接觸到「解」與「立」這兩面。

歷史的限制與超越

近來由於談伽德默（Gadamer）思想的機會較多，想寫一篇論文，以「歷史之限制及超越」為題。文中將從伽德默關於「歷史性」及歷史恆常發用的理論所含的難題著手，清理現代解釋學的爭議。這自然不是「隨筆」的題材，但我構思中的一些論點，卻在最近觀察臺灣選舉時得到某種印證。

本來，人之生活在一個傳統中，承受一定的文化影響，因而對世界及自身之理解都受所謂「歷史性」或者「預立結構」（fore-structure）的限制，可說是不須證立的明顯道理（卽所謂“trivial”）：然而，人究竟是否能超越這種限制？在何種意義上能批判自己的傳統？卻觸及一個基本的哲學問題，卽是：人的思維認識以及體會，是否能接觸「普遍性」的「理」？這個問題可說是任何哲學家都必須面對的基本問題，在理論上爭執萬端。不同的時代中出現不同的正反理論，至今尚未有公認的結論。可是，若著眼在事實視察一面，則問題又似乎不那樣嚴重：因爲，很顯然地，人雖時時受歷史及傳統的限制，但也時時可以自覺地從某一層面的限制中擺脫羈絆，而尋求普遍與共同。我們必須如此了解具體實際的人生，否則便使我們無法解釋一切自覺的批判活動的可能，亦不能了解「進步」的眞實意義。

以臺灣的社會而論，它自有本身的歷史；而本地居民與自大陸來的社羣，在歷史處境方面原有很大差異。「臺獨」主張的情緒背景及所依的思維方式，可說都與臺灣社會的本地傳統有關。至少，經過日本統治的臺灣人民，對中國的認同感便很自然地有異於外來社羣，這是最明顯的事。這次臺灣首次有正式的多黨競選的場面。在客觀上，它有極重要的意義——因爲它可說是華人社會中民主運動實現的關鍵性大事。然而，我聽了許多競選者的論調，我只覺得他們是在表達特殊傳統下的心態，亦訴於這種心態；卻很少發現有人面對那個相對地普遍的民主化觀念說話。若只就爭取選票而言，這種觀察或許不足爲奇。但若就臺灣整個社會的前途看，則這裏便隱藏著興衰關鍵。若是特殊傳統永遠在支配人們的心態，則臺灣社會內部將不能有共同性出現。若臺灣內部一部分與另一部分不僅事實上不能互通，而且這種不相通的情況又被人有意加強，則不論臺灣走往什麼方向，都將有重大困難。內部的某一層面的共同性，是進行奮鬪時的力量來源，缺乏共同性，則求「獨立」或求「統一中國」都會缺乏力量。

這就是我要強調的論點所在了。作爲一個文化特質及歷史哲學的理論觀點說，我認爲：人的歷史的意義，在於人能從歷史之流中顯現其主宰性，而力求面對普遍，超越特殊，否則歷史文化的進步卽無從說起。落在現實生活中，我則覺得目前臺灣似乎社會各部分只透露其特殊性，而不顯共同性；在這次選舉中，我得到很確定的印證。這裏的嚴重問題不在於人有受傳統限制的事實，而在於人是否有超越傳統的自覺。倘若人只會有意地增加這種歷史限制，自然不能超越了。束縛在限制中，能成就什麼呢？

文化的創生或是模仿更具可能性？

近年來，中國大陸自從所謂「開放思想」之後，在民間湧起了一個主要的思潮——反傳統思潮。這是個頗值得探討的問題。反傳統思潮原本出現於中國舊社會逐漸解體的清末民初至五四運動前後，有其特定的歷史背景，而中國共產黨所代表的運動卻是個革命性的運動，現在，於中共執政四十年之後，民間卻出現了一個反傳統、同時反官方的思想運動，其背後的意義，耐人尋味。

牽涉到「思潮」，通常離不開目的；也就是所謂的「功能層面」。換言之，思潮會因人們爲達某種目的而被鼓吹。但更值得注意的是，任何思潮背後總有其原因，當我們面對一個思潮時，嚴肅地探討其背後的原因、背後支持的理論，才能幫助我們作出理性的選擇。對某種思潮盲目的跟隨或反對都不是正確的態度。

中國大陸這股反傳統思潮的代表人物大抵都是四十歲上下的青、中年人。在他們的理論中，最值得注意的一點是：他們欲把中共統治下所暴露出的一切困難及缺點都和傳統連結，然後一起「反掉」。這個思想的代表理論有金觀濤系統論方法的《興盛與危機》和甘陽的《走向未來》叢書等。大體而言，這股反傳統思潮在理論上並未出現眞正的經典性著作，多數作品仍以片段的論述居多；然而他們的影響卻很大，這也是我們必須去研究它的原因之一。這個廣泛的思想運動，基本論題仍是傳統與反傳統的抗爭，所以以下我們將先分別介紹雙方辯駁時的論據。

歷來反傳統理論通常強調兩點——所謂的「歷史動性」和人類在歷史間的選擇條件。

歷史動性是一般反傳統主義者最普遍的論據，它的說法是：人類的需要，無時無刻都在前進，所以任何既有的東西都終將失去效用，所以當傳統失效時，我們毋需再去保存它。這個論證的學理根據是德國黑格爾的觀點。黑格爾認爲：文化、制度的目的是爲了處理人們所遭遇的問題，但人類歷史是一無限延展的過程，人類歷史進展到某一階段，必將產生許多非既存制度所能處理的問題，則制度終將不可避免地衰微。制度的興起和衰微都是必然的，而其必然完全由於歷史的動性。由於歷史本身的不斷變動，我們所遭遇的問題也將不斷地改變，因而當制度衰微的時候，卽是傳統該改變的時候。

當面對「歷史動性」這個說法的挑戰時，某些傳統主義者主張：尊重傳統，但也不反對改革；一方面保留傳統文化中的優點，同時吸收外來文化的長處，截長補短，兩者之間並無衝突。

針對傳統主義者的質疑，反傳統主義者亦有一理論加以辯駁（這個論證基本上不是哲學的，乃就社會結構的角度而言）：在歷史上各個社會階段中，人們所能作的選擇是有限的。我們並非總能自由地作任何選擇，事實上，選擇的條件端視歷史條件是否允許而定。因此，在現今世界形式的條件下，現代化的某些條件與傳統文化的某些部分是相衝突的。故而在有限的選擇下，傳統中國文化中卽使有好的部分，我們也不得不將之拋棄。

但是，上述的說法有一必要的前提——整體主義的文化觀。亦卽任何文化系統都是不可分解的整體，我們不能僅從傳統文化中單獨抽離某些元素，因而我們若要接受現代西方文化，就不得不將傳統拋棄。如果「文化的整體性」不能被證明，那麼所謂「歷史條件中有限的選擇」這種說法，就不過是一種「預認理由」罷了。

相對於反傳統思潮，傳統主義亦有兩點主要的論據：其中之一卽是文化的連續性。在反傳統思潮中，有種流行的觀點認爲：文化的連續性是不必要的，我們可隨時因應歷史的需要割斷傳統，讓文化的發展重新來過。但是這種頗爲流行的觀點，在「文化哲學」或「文化人類學」上卻都沒有學理的依據。文化發展絕不可忽略其連續性，以心理學上嬰兒的語言學習過程爲例：嬰兒學習語言時，必有一種母語，這嬰兒在學習母語之後，雖然可能再學習其他語言，但也必得通過他的母語。也許這個嬰兒在學習其他語言之後可能漸漸不再使用母語，但是他不可能不憑藉其母語而重新學習其他語言。

而傳統文化對我們的約制（condition）作用，絕不下於母語對我們溝通、學習的影響。換言之，文化在操作運行時必然有其連續性，也因此我們很難想像，當我們考慮中國文化的未來方向時，如何能在拋棄原有文化的情況下學習其他文化？不論中國文化該往那個方向發展，但文化發展終必得憑藉某些條件。

傳統主義的第二個論證乃就「文化責任」的角度而言。以醫療上的手段及意義爲例：如果有人去看病，醫生可能會告訴他：你患了××病，該如何治療……等等；但是醫生能告訴病人：「你的病情十分嚴重，很難治療，不如換個身體治……」嗎？就治療的意義而言，治療應於「把現有的身體治好」，而不能是「換一個新的身體代替」。如果我們只是要找一位稱職的秘書，我們隨時可將不稱職的秘書換掉，因爲秘書只是一個職位；但是身體則不同，我們不可能「換一個身體」。同樣的，當我們提到中國文化需要改造時，在意義上也應該是「把中國文化改好」，而不是同「換體」之說一樣，要「把中國文化整個換成其他文化」。

事實上，從五四運動以來，有關傳統與反傳統思潮間的爭辯始終不曾間斷；然而當我們重新檢驗雙方的論辯，卻發現這些討論並不曾有太大的進步，雙方都在用一種「一掃而空」的假定去否定對方。這種假定使雙方都不了解，也不去了解對方所持的理由，因而彼此的衝突也一直都不能造成這兩種思想較高層次的溝通。結果，反傳統思潮仍然一次次地出現，而且一次比一次激烈地出現。反傳統主義者只要聽到「重新考慮對傳統的態度」即斥之爲保守、不進步；傳統主義者只要聽到「吸收外來文化」則視爲洪水猛獸。一切的論辯到最後往往只是流爲學派或意氣之爭，彼此的理論沒有較高層次的溝通，所有的討論也當然沒有結果。

這種情形，是否意味著我們該以一個新的態度來重新面對傳統與反傳統之間的糾結？針對這點，以下我試著提出個人的意見。

近年來，韋伯對資本主義興起原因的看法曾在臺灣引起了廣泛的討論。韋伯的說法大略是：現代文明的誕生，以資本主義經濟爲中心要點，資本主義經濟的產生，又有其心理、精神上的基礎：而這個基礎和所謂的基督新教倫理有關。此外，韋伯又研究了中國、印度等非歐洲地區的文化，他發現這些文化系統所產生的精神狀態並不能發展資本主義，因而這些地方沒有產生資本主義。

但是這些年來，許多非歐洲傳統文化的小社會經濟卻很發達——如現在的臺灣、香港、新加坡等地，而這些地方都與所謂的「新教倫理」沒有關係。所以就表面上看來，亞洲新興的經濟似乎與韋伯的說法衝突：然而如果仔細分析韋伯的說法，他只說：在如此的精神基礎上，才能生出資本主義文化，他從不曾說過：第一個資本主義文化生成後，其他文化加以模仿、學習，是否也需要同樣的精神、物質條件？

就文化內層而言，我認爲創生和模仿是應該區分的兩個觀念，他們不是同類的活動，所需要的條件也不盡相同。以文學批評而言：我們研究李白的詩，可能會發生造成李白的詩歌的某些因素——如時代背景、李白性格等，但是如果有人要模仿李白的詩，他所需要的就不是李白具有的那些條件，而是一套模仿學習的方法。易言之，創生只能有一次，而模仿可能有無數次，模仿李白所需的條件和李白自身的條件不必相同。

由上例可知，其他文化吸收資本主義文化或變爲資本主義文化的過程，是個模仿的過程而非創生的過程。在資本主義文化成爲世界文化的歷史過程中，並非每種文化都需重新「創生」一次資本主義。因而，當我們需要調整自己的文化、或吸收外來的文化時，我們是否需要先把自己變成西方國家，然後再來「創生」西方文化？如果我們不是要將西方文化的創生過程重演一次，那麼我們根本就毋需考慮是否要將傳統文化連根拔掉。

如日本幾次的文化變革，日本在唐代的漢化基本上是移植中國的政治、倫理觀念，而傳統的日本社會和中國社會是截然不同的。可是日本並沒有爲了吸收中國文化而把自己的傳統、信仰拋棄，在移植中國文化的過程中它仍維持了原有的文化風貌。明治維新時，日本開始有限地接受西方現代化政治；二次大戰後，日本在美國影響下接受了現代國家的運作方式，開始了第二次西化，成爲現代化國家，然而在這些過程中，日本始終保有自己固有的傳統。這個民族所經歷文化變革的次數是最多也是最巨大的；但是在每一次的變革中，它從不曾將自己的固有傳統完全丟棄。

因之，我的建議與判斷是，在西化的過程中，我們應把現代化問題看成一個模仿的問題，因爲我們以模仿的觀點來進行現代化，其可能性必然大於我們以創生的觀點進行現代化。在這個角度下，傳統與反傳統的辯論已不再有太多的意義，因爲在雙方的討論過程中，或多或少都將現代化的問題假設在創生的層面上。

我們區分創生、模仿兩個觀念的不同，可避免傳統主義者與反傳統主義者無謂的爭辯；反傳統主義者不必再爲吸收西方文化而攻擊傳統主義；傳統主義者亦毋需爲對抗反傳統思潮而採取一個拒絕西方文化的態度。

關於中國人的「民主」觀念

返港小住，恰巧張灝先生應中文大學新亞學院之邀，來作一次講演，談及近代中國知識分子對所謂「民主政治」的認識問題。講後的討論中頗有爭議，我也略作評論。

張灝先生的觀點，其實是很多人所熟知的。在觀念淵源方面——或所謂「思想史」方面，他基本上強調基督教的教義對歐洲民主政治觀念的影響；其中他最重視的則是「原罪」之說。他所謂「幽黯意識」即指此而言。人相信自己有「原罪」，因之不得不以防止人的罪惡作爲必要的考慮。「民主政治」觀念即建築在這種考慮上。而與此相較來看，中國強調「內聖外王」，於是在政治上是以「完美」的領導爲理想（即所謂「聖君賢相」的理想）；這與「原罪」的假定相反。張先生尤其強調的是：近代中國於五四之後，大家談「民主與科學」，而在追求「民主政治」時，依然以求「完美」的心態來面對「民主政治」；於是有他所謂的「理想化」問題。將「民主政治」理想化，要求它完美，結果自然易於失望。對民主政治失望又生出擁護權威的傾向。這樣，民主政治遂愈加難產了。

張灝這個論調於臺灣似乎早就講過。這次在香港中大提出，則引起不少爭論。大致可分爲幾點。

第一：由於他談到將「民主政治」理想化的時候，特別提出「新儒家」這個詞語，在場的劉述先、陳特、唐端正等熟知新儒家理論的人，便各有駁論。

陳特的論點是：㈠民主政治制度預認人之不能完美，事實上與經驗主義的知識論關係密切，並非純由基督教「原罪」觀念生出。中古歐洲一樣有「原罪」信仰，但並不生出民主政治。㈡新儒學名家如唐君毅先生，並未將民主政治「理想化」，反而屢次申說民主政治制度只具有限價值。㈢民主政治觀念涉及人的自主意識；此點反與儒學之「人」的觀念相近。

唐端正則主要強調「中國傳統」不等於「儒學傳統」；政治上之專制統治，思想基礎實依於法家而非儒家；並指出求「完美」是一種推動革新及進步的觀念力量；未必是民主政治運動的阻力。此點中大文化研究所長陳方正發言時亦曾提及。陳認爲：提倡民主政治時必須理想化，否則不能喚起羣眾的熱情。不過，陳的論點偏重於策略意義，並非探究價值意識與文化發展之內在關係。而且陳又強調民主政治根本是「權力之爭」，不承認其文化理想的意義。後來經過一番辯論，陳亦承認民主政治制度提供爭權之規則，而此種規則即代表民主政治之理想性一面。這一論點爲大家所公認；專治政治哲學的石元康也表示同意。

第二：劉述先發言，則對張的講詞作廣泛反應，指出此類問題涉及許多層面，不能簡化。對新儒學之了解，亦須分別年代；早期新儒學與晚近之學說差異甚大，不能作籠統斷語；關於中國民主化問題，劉亦提及我近年的「模擬說」；但此一問題牽涉較廣，當時座談中無法多加討論。

第三：我對張灝講詞的評論，則以澄清「國家」與「政府」的不同觀念爲主。我指出，政治哲學本有兩種不同傳統，涵有兩種不同的政府觀念，亦涵有兩種國家論。其一是「積極政府」的理論。其主旨是認爲政府之功能在於實現某些文化價值，有推動文化之任務。在西方古代，亞里斯多德卽持此觀點；近代則黑格爾思想乃此說之代表。新儒家及傳統儒學事實上均較近似此思路之立場；我本人早年的「國家論」也屬於這一個模型。另一政府觀念則是「消極政府」。其主旨是認爲政府只負責維持公共秩序，提供某些公共服務，並不應負起領導社會或推動文化發展的重任。此說在歐洲自然以洛克爲主要代表人。我們今天所談的「民主政治」事實上屬於這一支思想。顯然，這是中國傳統所無的。但我覺得張灝強調近代中國知識分子將民主政治理想化，似欠精確；事實上中國的國家觀念本來一向強調「積極政府」；將民主政治理想化亦是自然趨勢。

張灝的答覆甚爲廣泛，大致承認所有批評，卻認爲彼此論點可以相容。這裏所涉理論問題甚多。我正打算另寫一論文專清理此中問題。現在這篇隨筆只能說到這裏爲止了。

學風與世風

——臺灣學風問題多

所謂「學風」，我不僅指大學或其他學府中師生的研究態度、立論方式及學術意見溝通情況等等，而包括學院外的知識分子從事理論工作的態度等在內。所謂「世風」，則指一般生活中所顯現的社會習慣及人心趨向而言。由於我最近由香港到臺灣訪問，很自然地，我下面要談的只是以香港及臺灣兩個地區為主。

很久以來，港澳地區的人總是認為臺灣讀書風氣較盛，因此，似乎學風也較好。當然，這種說法不是全無道理。即如以書籍的銷售量而論，依人口比例來計算，臺灣書籍遠比香港銷售量大。這就顯出臺灣讀書的人在全部人口中所佔比例，必高過香港了。不過，一般讀書風氣及閱讀習慣，與所謂「學風」仍然不是同一件事；前二者只算後者的必要條件而已。「學風」主要須落在講學、論學及研究工作的實際態度說，方有確定意義。

香港由於本來缺乏學術傳統，近三十年來雖有不少學人在香港工作，卻又適逢香港商業化正在加強，於是，在香港從事學術工作的人便很容易有孤立感。他們只見香港充滿求財牟利的活動，多數人不關心學術，就自然得到「學風惡劣」的結論，不覺得需要有更細密的觀察及探索。不過倘若從香港之外來看，再將香港與其他地方比較，則結論便不會如此簡單。

我想這裏的關鍵問題，在於我們是否將「學風」與「世風」分開看；換言之，我們是否要從多數人的傾向來評論「學風」。這個問題，我從前也未注意，最近，我漸漸明白，「學風」本來是少數人的事；在一個社會中，學術界永遠是少數，而所謂「學風」問題，本應指這個由少數人構成的社羣內部的風氣來說。「世風」與「學風」不可混爲一談，這裏若不加分辨，即可能生出許多錯誤判斷。

倘若我們眞的只從學術界人士內部的風氣來說，則對所謂「臺灣學風比香港好」的說法，便會覺得大有可疑，因爲仔細觀察下，很容易發覺臺灣學術界內部風氣，並不怎樣使人感到振奮，許多負面現象，決不能喚起人的敬意。

例如，臺灣學術界人士在社會上出面或表達個人意見的頻率高於香港，這或許就「世風」說，是一個好現象；因爲至少這表示社會上一般人比較尊重學術界。但就學術界內部說，則這種外緣條件，並不產生推進嚴肅學術研究的後果。相反地，這種看似有利的條件，實際上反而發揮了有害的作用。許多事實使我們覺得臺灣有很多身在學術界的人士，對參與社會活動的興趣，遠比探索學術問題的興趣高。心思成天向外投射，學術工作愈來愈像一種生命的負擔，而不是生命的寄託。

許多香港學術界中常見的毛病，在臺灣學術界幾乎都同樣可以看到。例如缺乏合作研究、溝通不足，以及有些人虛浮而疏怠，不能嚴格治學等等，香港固然有這些毛病，臺灣情況也差不多。而臺灣學術界又另外有較特別的毛病，爲香港所未有。

現在舉其中最顯著的幾點說。第一是臺灣處處缺乏制度化的秩序，學術界也不例外。於是，有關學術的問題，也常常受人事因素或門戶因素的限制及影響，因而得不到合理的處理。這一點只消看看歷年得到學術獎金的著作如何程度參差，便可以獲得證據。第二是臺灣人士似乎特別喜歡立門戶，而且也容易形成種種小圈子。另一方面，凡是獨立往來的人，似乎都是居於劣勢地位。「有門戶」與「無制度」配合起來，所生出的後果便更可驚了。

第三是臺灣雖不缺乏資訊，而且具有很現代化的設備；但許多居重要地位的人卻似乎不想利用資訊，因此每每給人一種奇異印象，覺得他們生活在一個自我封閉的世界中。表現在學術界，便是不管世界學術思想新近的變化，只在自己已定的範圍中談老問題；對有關的重大爭議，採取不聞不問的態度。甚至有些人索性大開倒車，將數十年來世界研究成績置諸不理，而堅持一些已在理論上不能成立的陳舊論點。但學術界似乎並無輿論，這種人我行我素，一樣保持他們在學壇上的地位。這幾種毛病在其他地區（包括歐美與香港），也偶爾有之，但遠不如在臺灣之「普遍」而「穩定」。「普遍」到大家習以爲常的程度，「穩定」到無人出面抗議的程度，簡直看不出改變的跡象。

我自然不是要抹煞臺灣學術的正面現象。有許多勤奮有爲的中年及青年學人，也正在不斷努力；在某些領域中，上一代的成績也被後代接受並作出發展。尤其就個別的人說，自不乏傑出之士。不過，若就全面景象來看，則臺灣「學風」確未能說好過香港。

上面我強調「世風」與「學風」不同，因此，我雖認爲臺灣一般社會風氣較能尊重學術（近來拜金日盛，這種風氣也在急遽改變中），卻不認爲這表示「學風」良好。但這不是說「世風」與「學風」全無關係。至少「世風」對「學風」有一種重大影響，即是學術界的新陳代謝問題。假使現在學術界內部風氣極好，但「世風」卻走往負面，則這種好「學風」也不能保持下去，因爲一代代的人亦是新舊相繼；「世風」若壞，則繼者無人。學術界無良好新血，也必將枯萎。不過這與臺灣現況完全不合，不是我現在要談的問題，不必多說下去。

「絕倒芳時虛度」

——我以術數自娛

「三式消愁，孤吟寄興，絕倒芳時虛度。」

這是我舊作小詞中自嘲之語，大約作於一九五九年。其時，我覺得世局似無可爲，曾擺脫一切活動，除了本行的研究以外，便以術數與詞章消遣，靜夜自思，卻感到有虛拋歲月之恨，因此便自覺可笑，寫出以上詞句。

其實，若作爲娛樂，術數的研討確有深厚趣味。我童年在四川曾接觸過此中高手；但當時我並無多大興趣。一九四九年由大陸至臺灣，頗有點「國破家亡」的味道，才對術數開始用心。在香港那幾年，我既有百無聊賴之感，授課以外，閉門大讀術數資料，配上我童年所聞的訣法，方眞正「用功」起來。我對概念思考興趣較高，因此喜歡「命理」過於「相法」；而「命理」的三支中，我又特別喜歡五行一支，原因就是所謂「子平術」最富抽象性與符號性。

將算命當作娛樂，的確很好玩；不過趣味又不及占卜。中國古代的「三式之學」中，「壬學」便是「大六壬」的占卜。所謂《碧玉經》雖已失傳，我倒見過手抄的殘本；雖只是一鱗半爪，憑之以斷課象，仍常有奇異的占驗。日常小事，一占而驗，最爲有趣。逢正事我反而不占，免得影響心情。

除了命相占卜之外，術數中有一大堆資料是關涉預言的。認眞地說，所謂「預言」自然是根據占卜結果而編撰的文件；不過，流行的預言都未標明作者根據那一種占卜得到那些「象」：於是，我們面對已編成的預言，要去逆推作者的占法，便是很艱難的工作，但也特別有趣。

中國傳統預言中，最早的如〈孔子閉房記〉，六朝以後已不流傳；那可以與漢代讖緯看作一支，大約並無一定推算根據。較後的重要預言，當以〈推背圖〉爲最。顧亭林在《日知錄》中曾說，古代有〈閉房記〉，近世則有〈推背圖〉。他的意思也是說〈推背圖〉遠比其他江湖預言重要。

〈推背圖〉的特色，在於它有明確的次序，每一圖配以一卦，另加文字說明。不像〈燒餅歌〉那樣雜亂無章。而且從考證方面看，〈推背圖〉雖有古本與清人續本之不同（下面再談），其演變仍可考見。古本在宋人記載中屢屢提及（如岳珂的《程史》，陸游的《南唐書》等等）。清本出於咸豐時，將前面較不重要的圖刪去，而增加新圖以推算未來。雖然這兩大版本下又有若干小的版本異同，但基本情況仍很清楚。

這一點是我考證《推背圖》最重要的收穫。舊本原只是推到明亡爲止；因此在「八旗一桶（一統）的圖後，卽以「推背」一圖結束。後出的改編本，將舊圖中關於五代地方勢力各圖刪去，而在後面另加許多圖，推算清代以後；可是，這個改編本留下明顯的痕迹；卽是：全文中對康熙至嘉慶一大段時間並無一圖。今天的坊間本都是取這個改編本爲祖本的，試一翻閱，立可發現這個特點。至於清初所出的《推背圖》，則仍是舊本，並無咸豐以下的圖。

究竟是何人改編，自不可考。但其占算方式，似乎與舊圖差不多。我曾經試用種種方法尋找此圖的占算方式，發現改編本新增各圖應該與舊圖所用方式非常類似，是一種混用幾種占法的演算。這一點無法詳說，也不必詳說。

研究預言的趣味，主要在於事件出現之前，能找出預言的確定解釋，再據以判斷某事，而看是否靈驗。我在幼年時，中日戰爭方烈，長輩們據《推背圖》次序，都知道「一聲聽得金鷄叫，大海沉沉日已過」那幅圖，是預言日本在酉年戰敗；數年後果然應驗，便覺得很有趣；不像關於唐宋的預言各圖，弄不清楚是否事後僞作。又如「手弄乾坤何日休」一圖，以「反手」象「毛」字；而所謂「九十九年成大錯」，我依所猜的訣式推測，早就向友人說：

「九十九」乃「三數」，即「九加十加九」，應指毛首尾當權二十八年，以一九四九年起計虛歲，即應到丙辰年（一九七六）爲止。另一面我算毛的命，卻似乎在前三四年氣已將盡。結果毛還是死於一九七六年。預言倒比我的算命更準。

術數之事，當作娛樂，確勝過博奕。但若一味崇信術數，反而廢棄了人事上應有的努力，則即是走入魔道。臺灣社會目前這種風氣似乎極盛。很少見有人將術數當作娛樂。可能我這種態度反而顯得有點「怪」了。

三民叢刊 1

邁向已開發國家

孫震 著

邁向已開發國家的過程中，先是追求成長與富裕，但富裕之後，仍有很多我們要追求的目標。作者孫震博士，曾參與臺灣發展的規畫，也對臺灣邁向已開發國家的前景充滿信心，但除了經濟上的成就外，作者更關心的是新時代來臨後的羣己問題、教育問題，正如這幾年來他所持續宣揚的——更重要的是邁向一個「富而好禮的社會。」

三民叢刊 2

經濟發展啓示錄

于宗先 著

在多年的高度發展以後，臺灣的經濟也併隨產生了許多問題；諸如經濟自由化的落實、勞資雙方的爭議、產業科技的轉型、投機風氣的熾盛等等，都是目前迫切的課題，本書作者于宗先先生，以其經濟學者的關心，對這些問題提出其專業上的看法。而這些討論，將更能為臺灣進一步的發展提供可貴的啓示。

三民叢刊 3

中國文學講話

王更生 著

從「關關雎鳩，在河之洲」開始，中國文學匯流成波瀾萬千，美不勝收的滄海。坊間介紹中國文學流變的書籍很多，但大多以政治朝代分期，無視於文學本身一貫的生命，而把文學以政治分期的手術刀隨意支解；本書突破以往陳陳相因的格式，改採以文學體裁為基據的敍述方式，將各種文體的流變以一氣呵成的方式介紹給讀者。以使讀者有遊目騁懷之快，也更能掌握中國文學整體的生命。

三民叢刊54

紅樓夢新解

紅樓夢新辨

潘重規　著

自蔡元培、胡適兩先生對紅樓夢熱烈討論之後，紅學已成為文史學中的一門顯學。在舉世風從胡氏的自傳說之後，潘重規先生獨持異議，發表論文主張紅樓夢是漢族志士反清復明之作，使學界對胡氏再做檢討，而開展紅學的另一新路。潘先生在香港新亞書院創設紅樓夢研究課程，刊行紅樓夢研究專輯，又於一九七三年獨往列寧格勒，披閱該處所藏乾隆舊抄本紅樓夢，發表論文，飲譽國際。歷年來潘先生與胡適、周汝昌、趙岡、余英時諸先生討論的文字及論文，今彙集為「紅樓夢新解」、「紅樓夢新辨」重加校訂出版，使讀者能一窺紅樓夢作者之眞意所在，暨紅學發展之流變。

三民叢刊6

自由與權威

周陽山　著

自由與權威並不是對立的觀念。一個眞正的權威，是使人自願接受的力量，服從一個眞權威並不會使人感覺不自由，相反的，他是指引人們進一步思考、發展的助力。而一羣人獨立的自由，也只有在權威設定了自由的範圍後才得以維續。作者周陽山先生，探索有關自由主義、權威主義、保守主義及各種激進思潮在中國的歷程多年。在本書中，作者進一步透過相關的國際知識發展經驗，檢討自由與權威，自由化與民主轉型，以及國家社會與民間社會等層面的理念，期為民主化的歷程建構一條坦途。

三民叢刊7

勇往直前

石永貴 著

石永貴先生，絕對是大衆傳播界一個響亮的名字，在他任內，使新生報轉虧為盈，發行量增加了一倍，也是在他任內，使臺視業績成長了四十四倍，並使臺視新聞確立了不移的口碑。他的成功經驗、勇氣和堅持，當可予人不同的啓示。本書卽收集了石永貴先生自述其心路歷程的文字，從書中，我們可以看到他怎樣期待部屬，也看到要求自己，這些經驗和理念，不僅可讓傳播人獲益非淺，一般人讀了，也可獲知成功的理念何在。

三民叢刊8

細微的一炷香

劉紹銘 著

劉紹銘先生為海外知名學者，研究現代文學聲譽卓著。他以本名撰寫文學評論，以二殘筆名撰寫諷諭文章，文思流暢，刻畫生動，本書為作者最新之文集，蒐集大陸民運前後發表的文評及雜文，除了析述海內外有關中國的文壇發展外，字裏行間所流露的對中國現勢及未來的痛心及關心，更是使人心動。

三民叢刊9

文與情

琦君 著

琦君的散文，溫柔敦厚，於自然中散發出細膩的情思，久已為人稱譽。本書卽收錄了他最近的作品，從日常生活中隨手拈來，自也透露出作者駕馭文字的純熟工夫。另外並有琦君向少執筆的小說及她第一次執筆的劇本，可看出作者對文字掌握的多面能力。不可不讀。

三民叢刊10

在我們的時代

周志文　著

「在我們的時代，希望很容易幻滅，但在一段沮喪過後，逃逸了的希望又常常不期然地像雨後的彩虹一般的在遠方出現。」

本書收集作者兩年來在中時晚報所發表的時事短評，針對的人、事雖各有不同，但所抱持的理念是一致的，那就是一個人文學者對現世的關懷，與對未來猶不死滅的希望。

作者以洗鍊的文筆，犀利的剖開事件上層層的迷障，讓我們得以見到更深刻的事實和理念。

三民叢刊11 12

中央社的故事

周培敬　著

六十年來，中央通訊社一直在中國新聞界的發展上扮演著重要的角色；從建立全國性的電訊網，收回外國通訊社發稿權，見證八年抗戰，親歷臺灣經濟奇蹟，目睹了退出聯合國，中央社一遍遍的做下時代的紀錄。它寫著這些年的歷史，從而也把自己寫進了歷史之中。

三民叢刊13

梭羅與中國

陳長房　著

美國作家梭羅以其《華爾騰》（或譯《湖濱散記》）一書呼喚人們在日常更深入的生活，創造更有意義、更為快樂的生活，而聞名於世。其對生活的態度正與中國的孔、孟、老、莊思想有相契之處。作者陳長房先生層層爬梳，探究其間的關係，並論述了梭羅的作品及思想。透過這跨文化的比較，也許正可幫助我們在濁世中尋覓桃源。

三民叢刊14

時代邊緣之聲

龔鵬程　著

時代的邊緣人，不是無涉於世的出世者，他只是退居在時代激流之旁，以讀書、讀人、讀世自遣，以文字聊為時代留下些註腳。本書即是以時代邊緣人的心情自謂而做的記述，偶或玩世不恭，亦曾獨立蒼茫，但終究掩不住其對時代的關切及奮激之情。

三民叢刊15

紅學六十年

潘重規　著

本書為「紅學論集」的第三本，集中討論紅學發展，及列寧格勒《紅樓夢》手抄本的發現報告及研究。作者於《紅樓》眞旨獨有所見，歷年來與各方論辯之文章，亦收錄於書中，庶幾使讀者一窺《紅樓夢》之眞意所在，及紅學發展之流變。

三民叢刊16

解咒與立法

勞思光　著

近來臺灣的社會力在解除了身上的魔咒之後，一時四處噴發，整個社會因而孕育著新生和希整，也充滿了騷動和不安。勞思光先生以其治學的睿智，剖析社會紛亂的眞象，指出：「解咒」之後，必須「立法」，亦即建立新的規則，若在這一步上沒有成果，則所謂「進步」亦失去意義。值得吾人深思。

三民叢刊17

對不起，借過一下

水晶　著

「對不起，借過一下！」要借的是：在舉世滔滔，資訊爆炸的年代，各人心靈上的一點空間，來容納書中帶來之感性與理性的清涼。

本書為作者近作之散文及評論的合集，散文率從生活小事著墨，筆觸輕靈動人。評論主要針對張愛玲、錢鍾書二氏之作品，亦抉其幽微，篇篇可誦。

三民叢刊18

解體分裂的年代

楊　渡　著

隨著歷史的前進，臺灣的生活方式由農業生活轉入了工業社會，生活方式的改變也帶來了社會結構，包涵政治、經濟等方面的結構解體、分裂，與重組，而重組的路究竟通向何方？改革？或是革命？

作者近年來著力追尋改變的軌跡，肯定了改變的根源來自民間，其路向也該朝向人民的需求。書中文字即記錄了作者追尋過程中所注意到的種種現象，期能透過對這些現象的反省，從中得到記憶的力量。

三民叢刊19 20

德國在那裏

政治・經濟篇

文化・統一篇

郭恒鈺・許琳菲等著

一九九〇年，兩德的快速統一，使德國成為舉世矚目的焦點，也為其他仍處於分裂中的國家，樹立了一個典範，而「德國經驗」的成功，有其廣泛的背景。本書即是對二次世界大戰後的「德國經驗」作一次總回顧，有系統的介紹了聯邦德國政治、經濟、文化等等的制度概況，及兩德統一的過程和啓示，可為有心更瞭解德國的人作參考。

三民叢刊21

浮生九四

——雪林回憶錄

蘇雪林　著

蘇雪林女士是新文學運動中第一代的女作家，在文藝創作和學術研究上都有豐碩的成果。晚年她親自撰寫此書，敍述其一生的經歷，文藝創作的動機、及學術研究的進程。文筆質樸，字字眞實，不僅是個人的紀錄，也是時代的見證。

三民叢刊22

海天集

莊信正　著

「海內存知己，天涯若比鄰」。若能以文會友，與天下人相交往，實爲人生樂事。作者在書中所欲實現的，正是此一理想。全書共分三輯，第一輯論中國文學，第二輯談西洋文學，第三輯則屬於比較文學。論述地區包含中、美、英、法、俄，篇篇精到，爲不可多得之作。

三民叢刊23

日本式心靈

——文化與社會散論

李永熾　著

日本人具有複雜的民族性格，美國人類學家潘乃德曾以菊花與劍來象徵這種複雜與矛盾。李永熾先生在本書中，從日本人的家族組織、社會思想、文學及電影作品等方面深入剖析日本的文化與社會，藉由此書，將有助於我們更了解日本式心靈的面貌。

三民叢刊24

臺灣文學風貌

李瑞騰　著

臺灣由於近代歷史命運的多重變遷，使臺灣文學也隨之而顯現出豐富的面貌。李瑞騰先生多年來致力於臺灣文學的觀察與研究，認爲臺灣文學雖有其獨特性，但仍不自外於中文文學，更需納入以中文作爲表現媒介地區的體制下，尋找彼此間互動的關係。本書即是他近年來觀察的呈現。

三民叢刊25

干儛集

黃翰荻　著

黃翰荻先生撰述的藝術評論，關注的不僅是藝術創作本身，而擴及藝術創作所在的整個大環境。雖舉世滔滔，仍不改其堅持。「刑天舞干戚、猛志固長在」，書名出自於此，作者深意也由此可喩。

三民叢刊26

作家與作品

謝冰瑩　著

月旦人物，臧否文章，並非一定都是冷靜的陳述；懷恩的心情，謙和的筆調，也許更能引發人們的共鳴。謝冰瑩女士以溫婉的筆調，描寫她所接觸過的作家與作品，並抒發一己之感，不以深奥的理論炫人，而意韻自然深刻雋永。

三民叢刊27

冰瑩書信

謝冰瑩　著

寸筆短箋所成就的，不僅是一封封信件，更是一份份心意。本書蒐集了謝冰瑩女士寫給她的小朋友、大朋友、老朋友們的信件，雖然對象不同，但作者對周遭人事的深厚關懷卻處處流露，細讀之下，更能體會字裏行間所蘊涵的溫暖之意。

三民叢刊28

冰瑩遊記

謝冰瑩　著

遊跡萬里，不僅能增廣見聞，且能開拓心胸，若身不能至，則一卷在手，神遊萬里，亦可一舒胸懷。透過謝冰瑩女士生動靈活的筆觸，常可使讀者有與之偕遊之感。或可稍補不能親臨之憾。

三民叢刊29

冰瑩憶往

謝冰瑩　著

記憶裏可能儘是些牽牽絆絆的事物，然而它也可以成爲我們面對生活的力量。作者以清逸的文章，追述往日的點點滴滴，在歲月的流逝中，更堅定了她對創作，對生命永不懈怠的信念。

三民叢刊30

冰瑩懷舊

謝冰瑩　著

本書蒐集的多爲作者對故人的追念文章。謝女士生平以眞心待人，至親好友的生離死別，對她尤其有特別深的感受，筆之爲文，更顯情誼，將人生遇合的不定，生非容易死非甘的難堪，描摹的十分貼切。性情中人，讀之必有所感。

國立中央圖書館出版品預行編目資料

解咒與立法／勞思光著.--初版.--臺北市；三民，民80
面；　公分.--(三民叢刊;16)
ISBN 957-14-1780-7 (平裝)

1. 政治—中國—論文，講詞等

573.07　　80001039

著　者　勞思光
發行人　劉振强
出版者　三民書局股份有限公司
印刷所　三民書局股份有限公司
地址／臺北市重慶南路一段六十一號
郵撥／〇〇〇九九九八——五號
初　版　中華民國八十年五月
編　號　S 85209
基本定價　叁元壹角壹分
行政院新聞局登記證局版臺業字第〇二〇〇號

ISBN 957-14-1780-7 (平裝)